ESTUDOS
DO INSTITUTO DE DIREITO
DO TRABALHO

VOL. V

ESTUDOS DO INSTITUTO DE DIREITO DO TRABALHO

VOL. V

Jornadas de Direito Processual do Trabalho

Organização:
Instituto de Direito do Trabalho – Centro de Estudos Judiciários
– Conselho Distrital de Lisboa da Ordem dos Advogados

ESTUDOS DE DIREITO PROCESSUAL DO TRABALHO

EDITOR
EDIÇÕES ALMEDINA, SA
Avenida Fernão de Magalhães, n.º 584, 5.º Andar
3000-174 Coimbra
Tel.: 239 851 904
Fax: 239 851 901
www.almedina.net
editora@almedina.net

PRÉ-IMPRESSÃO • IMPRESSÃO • ACABAMENTO
G.C. – GRÁFICA DE COIMBRA, LDA.
Palheira – Assafarge
3001-453 Coimbra
producao@graficadecoimbra.pt

Março, 2007

DEPÓSITO LEGAL
256189/07

Apesar do cuidado e rigor colocados na elaboração da presente obra,
devem os diplomas legais dela constantes ser sempre objecto
de confirmação com as publicações oficiais.

Toda a reprodução desta obra, por fotocópia ou outro qualquer processo,
sem prévia autorização escrita do Editor,
é ilícita e passível de procedimento judicial contra o infractor.

JORNADAS DE DIREITO PROCESSUAL DO TRABALHO

Organização: Instituto de Direito do Trabalho – Centro de Estudos Judiciários – Conselho Distrital de Lisboa da Ordem dos Advogados
Local: Auditório da FDL
Data: 16 e 17 de Março de 2006 (5.ª e 6.ª feira)

MESA 1
16 de Março (5.ª feira), 9h 30
A Reforma necessária do Processo do Trabalho e Princípios Gerais de Direito Processual do Trabalho

Mesa: Prof. Doutor Romano Martinez (Professor da Faculdade de Direito de Lisboa e Presidente do IDT) Dra. Maria Adelaide Domingos (Juíza de Direito e Docente do CEJ) e Dr. António Subtil (Presidente do Conselho Distrital de Lisboa da Ordem dos Advogados)
Conferencistas: Professor Doutor Luís Menezes Leitão (Professor da Faculdade de Direito de Lisboa e Vice-Presidente do IDT) e Mestre Isabel Alexandre (Assistente da Faculdade de Direito de Lisboa)

MESA 2
16 de Março (5.ª feira), 11h 30
Pressupostos Processuais no Processo do Trabalho

Moderador: Prof. Doutor António Menezes Cordeiro Professor da Faculdade de Direito e Presidente da Assembleia Geral do IDT)
1. Os Pressupostos Processuais no Processo do Trabalho: Análise e Discussão de Aspectos Práticos
Conferencista: Dr. Domingos Morais (Desembargador da secção social do Tribunal da Relação do Porto)

2. O Ministério Público e o Patrocínio dos Trabalhadores no Processo Declarativo Laboral
Conferencista: Dr. João Monteiro (Procurador da República e Docente do CEJ)

MESA 3
16 de Março (5.ª feira), 14h 30
Tramitação Processual Laboral

Moderador: Prof. Doutor Miguel Teixeira de Sousa (Professor da Faculdade de Direito e Presidente do Conselho Directivo da Faculdade de Direito da Universidade de Lisboa)

1. Processo Comum de Declaração
Conferencista: Mestre Pedro Madeira de Brito (Assistente da Faculdade de Direito de Lisboa e Advogado)

2. Procedimentos Cautelares Laborais
Conferencista: Dr.ª Maria Adelaide Domingos (Juíza de Direito e Docente do CEJ)

3. Fase Conciliatória do Processo Especial de Acidentes de Trabalho
Conferencista: Dr. Vítor Melo (Procurador-Adjunto e Docente do CEJ)

4. Fase Contenciosa do Processo Especial de Acidentes de Trabalho
Conferencista: Mestre Carlos Soares (Assistente da Faculdade de Direito de Lisboa)

MESA 4
17 de Março (6.ª feira), 10h 00
Tramitação Processual Laboral

Moderador: Dr. José Branco (Procurador da República e Director-Adjunto do CEJ)

1. Processo Comum para a Declaração de Ilicitude do Despedimento
Dr. Fausto Leite (Advogado)

2. Processo de Impugnação do Despedimento Colectivo
Conferencista: Mestre Luís Miguel Monteiro (Assistente do ISCPS e Advogado)

3. Processo de Contencioso das Instituições de Previdência, Abono de Família e Associações Sindicais
Conferencista: Dr. José Eusébio de Almeida (Juiz de Direito e Docente do CEJ)

MESA 5
17 de Março (6.ª feira), 14h 30
Tramitação Processual Laboral, Processo Executivo e Recursos

Moderador: Dr. Jorge Santos (Desembargador e Director-Adjunto do CEJ)

1. Acção de Anulação e Interpretação de Cláusulas de Convenções Colectivas
Conferencista: Mestre Luís Gonçalves da Silva (Assistente da Faculdade de Direito de Lisboa)

2. Processo Executivo
Conferencista: Conselheiro José António Mesquita (Vice-Presidente jubilado do STJ)

3. Recursos em Processo Laboral
Conferencista: Dr.ª Maria José Costa Pinto (Juíza de Direito e Assessora na secção social do STJ)

OS PRESSUPOSTOS PROCESSUAIS NO PROCESSO DO TRABALHO: ANÁLISE E DISCUSSÃO DE ASPECTOS PRÁTICOS[1]

DOMINGOS JOSÉ DE MORAIS
Juiz Desembargador do T R do Porto

Sobre o tema que me cabe abordar, vou fazer referência às normas que regulam a matéria em causa, realçando as alterações introduzidas em 1999, e indicando alguns casos apreciados e decididos pelos Tribunais do Trabalho.

Como é sabido, os pressupostos processuais – *a personalidade e a capacidade judiciárias, a legitimidade das partes* e *a competência* – são elementos indispensáveis para que o tribunal esteja em condições de proferir decisão sobre a pretensão formulada.

A matéria em causa está regulada, *grosso modo*, nos Título I e II do Código de Processo do Trabalho (CPT), em vigor desde 1 de Janeiro de 2000, e nos artigos 26.º e segs. do Código de Processo Civil (CPC), no que à *legitimidade das partes* respeita.[2]

---

[1] O presente texto corresponde à intervenção proferida nas Jornadas de Direito Processual do Trabalho, uma organização conjunta do Instituto de Direito do Trabalho, do Centro de Estudos Judiciários e do Conselho Distrital de Lisboa da Ordem dos Advogados, nos dias 16 e 17 de Março de 2006, no Auditório da Faculdade de Direito de Lisboa. E, propositadamente, foi mantida a linguagem então utilizada, sem prejuízo de se terem deixado as notas de rodapé, não lidas ou parcialmente referenciadas na ocasião, e de pequenos acertos no texto motivados pelas notas orais introduzidas durante a palestra.

[2] Na minha intervenção não abordarei a matéria relativa à *Representação e patrocínio judiciário*, incluindo dos trabalhadores com menos de 16 anos de idade, bem

Capacidade e personalidade judiciárias

Enquanto a personalidade judiciária se traduz na susceptibilidade de ser parte (cfr. artigo 5.º do CPC), a capacidade judiciária consiste na susceptibilidade de estar, por si, em juízo (cfr. artigo 9.º do CPC).

Em matéria de *capacidade judiciária activa*, o artigo 2.º, n.º 1, do actual CPT, preceitua que os menores com 16 anos de idade podem estar por si em juízo como autores.

Este normativo constitui uma excepção ao regime consagrado no artigo 10.º, n.º 1, do CPC, nos termos do qual os incapazes só podem estar em juízo por intermédio dos seus representantes, ou autorizados pelo seu curador, excepto quanto a actos que possam exercer pessoal e livremente.

O desvio ao princípio consagrado no artigo 10.º, n.º 1, do CPC, já constava do CPT de 1941, cujo artigo 2.º previa que os menores púberes podiam intervir pessoalmente nos processos quando o litígio versasse sobre os ordenados ou salários ou respeitasse a direitos emergentes da previdência, de acidentes de trabalho ou de doenças profissionais, salvo nos casos em que os seus representantes legais houvessem participado no ajuste do contrato de trabalho.

A limitação desta capacidade aos litígios sobre ordenados ou salários desapareceu com a entrada em vigor do CPT de 1963, cujo artigo 2.º, n.º 1 passou a reconhecer ao menor com mais de 14 anos plena capacidade para estar por si em juízo relativamente a *quaisquer direitos* nascidos do contrato de trabalho.

A plena capacidade manteve-se no CPT de 1981 e no actual, com a diferença do aumento da idade de 14 para 16 anos.

Esta alteração na idade esteve necessariamente relacionada com o disposto no artigo 122.º, n.º 1, da LCT – Lei do Contrato Individual de Trabalho – que fixou em 16 anos a idade mínima de admissão para prestar trabalho.

O *trabalho de menores* é actualmente regulado nos artigos 53.º e segs. do Código do Trabalho, cujo artigo 55.º, n.º 2, mantém os 16 anos como a idade mínima de admissão para prestar trabalho.

---

como das matérias reguladas nos artigos 4.º, 5.º (*Anulação e interpretação de cláusulas de convenções colectivas de trabalho*) e 18.º (*acções de liquidação e partilha de bens de instituições de previdência e outras*), porque integradas, suponho eu, em temas de outras palestras a proferir no âmbito destas Jornadas.

No que respeita à *capacidade judiciária passiva* dos menores, deve ter-se em conta o disposto no artigo 9.º, n.º 2 do CPC, segundo o qual a capacidade judiciária tem por base e por medida a capacidade do exercício de direitos, isto é, os menores com mais de 16 anos terão plena capacidade judiciária passiva na medida em que possuam integral capacidade de exercício de direitos.

Sobre a *personalidade judiciária*, o CPT nada diz, pelo que, por força do artigo 1.º, n.º 2, alínea a), somos remetidos para a artigo 5.º do CPC, cujo n.º 2 estabelece que terá personalidade judiciária quem tiver personalidade jurídica.[3]

Legitimidade

Outro pressuposto processual que o CPT não trata é o da *legitimidade*.

Assim, também neste caso, devemos atender ao que dispõe o CPC sobre essa matéria, regulada nos seus artigos 26.º e segs.

O conceito geral da legitimidade está definido no artigo 26.º do CPC:

O autor será parte legitima se tiver interesse directo em demandar;

O réu será parte legítima se tiver interesse directo em contradizer.

O interesse em demandar exprime-se pela utilidade derivada da procedência do pedido;

O interesse em contradizer pelo prejuízo que daquela procedência advenha.

A legitimidade consiste, pois, em as partes serem os sujeitos da relação jurídica controvertida, isto é, os titulares do interesse submetido à apreciação do tribunal, tal como é configurada pelo autor.[4]

O interesse pode dizer respeito a um só demandante e a um só demandado.

---

[3] A coincidência entre a personalidade judiciária e a personalidade jurídica, por um lado, e a capacidade judiciária e a capacidade de exercício, por outro, não é, porém, absoluta, mas não cabe, por ora, aprofundar essa questão.

[4] Como é sabido, o legislador de 1995/1996 aderiu à tese defendida pelo Professor Barbosa de Magalhães em detrimento da tese sustentada pelo Professor Alberto dos Reis.

Mas pode haver uma pluralidade de partes tanto pelo lado activo como pelo lado passivo da relação jurídica. Está-se, então, como sabem, perante a figura do litisconsórcio, necessário ou voluntário.

A propósito do pressuposto da legitimidade importa referir que o juiz tem o poder/dever de mandar intervir na acção, até à audiência de julgamento, qualquer pessoa e determinar a realização dos actos necessários ao suprimento da falta de pressupostos processuais susceptíveis de sanação – artigo 27.º, alínea a), do CPT.

Acontece, porém, que a intervenção de terceiros na acção, ordenada oficiosamente pelo juiz, nos termos da citada norma, destina-se a assegurar a legitimidade das partes, pelo que não deve ser ordenada se dela resultar uma simples modificação dos sujeitos da acção.[5-6]

A sanação do pressuposto processual da ilegitimidade plural foi introduzida no artigo 265.º, n.º 2 do CPC, pela reforma de 1995/96, mas não na forma da sua promoção oficiosa, pois, aí o juiz limitar-se-á a suscitar às partes a sanação – "*o juiz providenciará ...*" é a expressão usada no CPC.

O artigo 3.º do CPT, trata de um caso específico de listisconsórcio, quando o trabalho for prestado por um grupo de pessoas.

Mas, atenta a redacção do n.º 1, não basta uma qualquer pluralidade de trabalhadores, mas uma pluralidade que constitua um grupo, uma unidade social, cujos membros se encontrem ligados entre si por um determinado tipo de conduta colectiva, em que a obrigação de prestação de trabalho é assumida colectivamente pelos vários trabalhadores que entram na composição do grupo e não isoladamente por cada um dos membros que o integra. O empresário celebra um contrato de trabalho não com cada um dos trabalhadores do grupo, mas com o próprio grupo na sua unidade colectiva, isto é, considerado como um todo, pelo que os diversos trabalhadores se encontram ligados ao empregador por um único vínculo jurídico. E desta unidade de vínculo deriva a unidade de relação jurídica substancial.[7]

---

[5] Cfr. Ac. RP, 15.01.1996, CJ, 1996, I, 251.

[6] Sobre a possibilidade do juiz mandar intervir na acção especial emergente de acidente de trabalho qualquer entidade que julgue responsável, cfr. os artigos 127.º e 129.º, ambos do CPT.

[7] Sobre "o *contrato de equipa* ou *de esquadra*", ver Raul Ventura, págs. 301 e segs., da Teoria da Relação Jurídica de Trabalho.

E em consequência dessa unidade, "o complexo de direitos e obrigações que entram na esfera jurídica do empresário pode ser exercido sobre o próprio grupo, mas não sobre cada um dos elementos que o integram. E se o grupo exerce a sua actividade sob a orientação dum chefe, a este cabe a representação do todo e, por isso e em regra, a função de receber e dividir pelos vários elementos que o compõem *"o interesse colectivo fixado"*, que o mesmo é dizer, o salário comum".[8]

Dentro deste contexto, a vontade legal que tem de se considerar subjacente ao conteúdo do artigo 3.º do CPT é a de que, em princípio, a relação substancial em litígio só ficará convenientemente decidida se na sua apreciação comparticiparem todos os titulares do interesse colectivamente fixado, ou seja, a decisão a proferir só produzirá o seu efeito útil normal se todos os elementos do grupo intervierem na relação jurídica processual.

A norma permite, no entanto, que, apesar do interesse dizer respeito a várias pessoas, possa cada uma delas, isoladamente, recorrer a juízo. Mas se o fizer apenas lhe poderá ser reconhecido o direito correspondente à sua quota-parte no interesse colectivo. O interesse comum é como que dividido em tantas partes quanto os sujeitos, de modo que cada um é livre para agir na defesa da quota que lhe diz respeito. Por esta via, pretende-se não afectar o interesse de cada titular pela passividade dos demais interessados.

O n.º 2, do artigo 3.º, exige, porém, que o autor identifique no processo todos os demais co-interessados no salário comum, para que o tribunal lhes possa dar conhecimento da propositura da acção, antes da citação do réu, quer pessoalmente (aqueles cuja residência seja conhecida), quer por edital, com dispensa de anúncios, para no prazo de 10 dias, intervirem na acção.

Sendo a acção intentada por um ou alguns dos trabalhadores, caberá ao M. Público a defesa dos interesses dos trabalhadores que não intervierem por si, não se exigindo agora que o interesse tenha sido colectivamente fixado, como sucedia na redacção do correspondente artigo do CPT de 1981.[9]

---

[8] Cfr. Alberto Leite Ferreira, Código de Processo do Trabalho, Anotado, pág. 27.

[9] A propósito do litisconsórcio, refira-se que no caso de litisconsórcio necessário, há uma única acção com pluralidade de sujeitos e que no litisconsórcio voluntário, há uma simples acumulação de acções, conservando cada litigante uma posição de independência em relação aos seus compartes – cfr. artigo 29.º do CPC.

O actual CPT eliminou o anterior artigo 3.º, sob a epígrafe "*capacidade judiciária passiva dos cônjuges*", com o argumento de que tal matéria, não sendo específica do foro laboral, fora já expressamente contemplada na revisão de 1995/1996 do CPC, a qual remeteu essa questão para a secção II, que trata da *legitimidade das partes*, acrescentando o artigo 28.º-A, sob a epígrafe *Acções que têm de ser propostas por ambos ou contra ambos os cônjuges*.

Competência

Tratemos, agora, o pressuposto da *competência* que, como se sabe, é exigido pela circunstância de a função jurisdicional estar repartida por vários tribunais, circunscrevendo-se desse modo, a diferentes níveis, o poder de julgar.

Distinguindo entre competência interna e competência internacional, a competência interna comporta a *competência em razão da matéria, da hierarquia, em razão do valor* (com importância apenas em matéria de alçadas) e *em razão do território*.

Em **razão da matéria**, os tribunais do trabalho têm competência especializada, isto é, conhecem de matérias determinadas, independentemente da forma de processo aplicável – cfr. artigos 64.º, n.º 2 e 78.º e segs. da Lei Org. dos Tribunais Judiciais –, diploma que regula a competência cível (artigo 85.º), a competência contravencional (artigo 86.º) e a competência contra-ordenacional (artigo 87.º).

A jurisprudência tem vindo a decidir que a competência material do tribunal tem de ser aferida em função dos termos em que o autor fundamenta ou estrutura a sua pretensão. Há que, atender, assim, ao direito a que ele se arroga e às consequências que, a partir daí, pretenda que o tribunal declare ou decrete.[10-11-12]

---

[10] Sobre esta matéria, ver ainda, Manuel de Andrade, em Noções Elementares de Processo Civil, 1963, pág. 89.

[11] Cfr. o Acórdão do STJ, de 07.10.1998, www.dgsi.pt, que decidiu pela competência do respectivo Tribunal do Trabalho, no caso de uma auxiliar de educação que trabalhava num infantário da responsabilidade de uma Junta de Freguesia.

[12] Cfr. Acórdão da RL, de 21.09.2005. www.dgsi.pt, que decidiu sobre a competência do Tribunal do Trabalho em razão da matéria para conhecer do pedido de pagamento pelo empregador das contribuições à Segurança Social.

Mas sendo a competência material do tribunal aferida em função dos termos em que o autor fundamenta ou estrutura a sua pretensão, se esta versar sobre matéria da qualificação do contrato, como *de trabalho* ou de *prestação de serviços*, e se concluir que o contrato é *de prestação de serviços*, a jurisprudência, incluindo a do STJ, tem-se dividido, defendendo uma das teses que, por não estar feita a prova da existência de um contrato de trabalho, se deve concluir pela improcedência da acção, absolvendo-se a ré do pedido, enquanto a outra considera que se deve julgar pela procedência da excepção de incompetência absoluta, absolvendo-se o réu da instância.[13]

Mais recentemente, o Supremo Tribunal de Justiça, em Acórdão de 07.10.1998, CJ, 1998, III, 251 e no site do STJ, e o Tribunal da Relação do Porto, em Acórdão de 12.04.199, CJ, 1999, II, 249, consideraram que se o contrato é *de prestação de serviços* e não *de trabalho*, a situação é de incompetência em razão da matéria – artigo 85.º, alínea b) e o) da LOTJ –, pelo que o réu deve ser absolvido do pedido.[14-15]

Na competência em *razão da hierarquia*, o artigo 12.º do CPT, estabelece que "*os tribunais do trabalho funcionam como instância de recurso nos casos previstos na lei*", isto é, os tribunais do trabalho funcionam como instância de recurso das decisões das autoridades administrativas em processos de contra-ordenação nos domínios laboral e da segurança social, como estabelece o artigo 87.º da LOFTJ – Lei n.º 3/99. de 13.01.

Na competência *em razão do território*, a regra geral está fixada no artigo 13.º, n.º 1: *as acções devem ser propostas no tribunal do domicílio do réu*.

E o n.º 2 estabelece que os empregadores ou as seguradoras se consideram também domiciliadas no lugar onde tenham sucursal, agência, filial, delegação ou *representação*. Este último segmento – *da representação* – não constava na redacção anterior.

---

[13] Cfr. acórdãos do STJ, de 08.05.1991 e de 02.10.1991, respectivamente, publicados nos Acórdãos Doutrinais n.º 365 e 368.

[14] Ver, sobre esta temática, Albino Mendes Baptista, Jurisprudência do Trabalho Anotada, 3.ª ed., 1999.

[15] Se me é permitida uma nota pessoal, sou de opinião que se o contrato é de *prestação de serviços* e não de trabalho, a situação é de incompetência em razão da matéria, pelo que o empregador deve ser absolvido da instância, permitindo ao trabalhador o recurso à jurisdição cível comum, sob pena da decisão do Tribunal de Trabalho poder constituir caso julgado sobre a pretensão creditícia do trabalhador.

A importância prática deste normativo reside não só para a proposição das acções, como, eventualmente, também para efeitos de citação, já que não podendo efectuar-se a citação por via postal registada na sede da pessoa colectiva ou sociedade, ou no local onde funciona normalmente a administração, por aí não se encontrar nem o legal representante, nem qualquer empregado ao seu serviço, procede-se à citação do representante, mediante carta registada com aviso de recepção, remetida para a sua residência ou local de trabalho – cfr. artigo 237.º do CPC.

Acontece, porém, que nos termos do artigo 14.º, n.º 1, as acções emergentes de contrato de trabalho intentadas por **trabalhador** contra o empregador podem ser propostas no tribunal do lugar da prestação de trabalho ou do domicílio do autor.

E sendo o trabalho prestado em mais de um lugar, podem as acções referidas no n.º 1 ser intentadas no tribunal de qualquer desses lugares.

Em relação ao anterior Código, é nova a regra da competência no caso de coligação de autores, prevista no n.º 2 – "*é competente o tribunal do lugar da prestação de trabalho ou do domicílio de qualquer deles*" – e no n.º 3 deixou de ser exigível, para que a correspondente regra funcione, que o trabalho seja prestado em mais de um lugar "*com carácter normal*", pois, o requisito do *carácter normal*, atenta a sua indeterminação, dava lugar a indesejáveis controvérsias.

Mas a supressão desse requisito traduz-se também numa ampliação da competência territorial nas acções emergentes de contrato de trabalho intentadas pelo trabalhador, pois, podem ser intentadas no tribunal de qualquer dos lugares onde o trabalho é prestado.

O propósito do desvio à regra geral do *domicílio do réu* é claramente facilitar ao trabalhador o exercício da acção judicial.

No dizer de Raul Ventura, a "*competência territorial é uma das matérias em que deve reflectir-se a diferença de situação entre as duas partes do contrato de trabalho. Se normalmente o patrão pode litigar – talvez menos comodamente mas sem impossibilidade real – em qualquer comarca do país, o trabalhador não tem meios económicos para efectuar deslocações, mais ou menos duradouras, e suportar as despesas da deslocação das pessoas que deve fazer intervir no processo*".[16]

---

[16] Ver Curso de Direito Processual do Trabalho, Suplemento da Revista da Faculdade de Direito da Universidade de Direito, 1964, págs. 70-71.

Atenta a redacção do artigo 14.º do CPT, não restam dúvidas de que a escolha do tribunal, de entre as várias possibilidades que a lei confere, cabe por inteiro ao trabalhador.

Mas se o empregador for o autor na acção, o tribunal competente é, exclusivamente, o do domicílio do réu – artigo 13.º, n.º 1.

Outra norma de alcance prático muito importante é o artigo 15.º do CPT, que trata da *competência territorial* nas situações de acidentes de trabalho ou de doença profissional.

Esta norma estabelece, que em regra, o tribunal territorialmente competente é o do lugar onde o acidente ocorreu ou onde o doente trabalhou pela última vez em serviço susceptível de originar a doença – n.º 1.

Mas se o acidente ocorrer no estrangeiro, a acção deve ser proposta em Portugal, no tribunal do domicílio do sinistrado – n.º 2.

Este preceito é novo, em relação ao anterior CPT, e está em consonância com o artigo 10.º que trata da competência internacional dos tribunais do trabalho e que adiante abordarei.

E estabelece o n.º 3, que as participações exigidas por lei devem ser dirigidas ao tribunal a que se referem os números 1 e 2, ou seja, ao tribunal do lugar do acidente ou ao tribunal do domicílio do sinistrado, se o acidente tiver ocorrido no estrangeiro.

A participação do acidente de trabalho está regulada nos artigos 14.º e segs. da Lei regulamentar n.º 143/99, de 30.04 (Lei regulamentar da Lei dos Acidentes de Trabalho e Doenças Profissionais – Lei n.º 100/97, de 13.09).

A lei estabelece *participações obrigatórias*, para a entidade responsável pelo acidente (empregador ou empresa seguradora) e para a entidade marítima, se o sinistrado for inscrito marítimo. E *participações facultativas* para o sinistrado, familiares e outras entidades, referidas no artigo 19.º da Lei regulamentar.

Essas participações, tanto as obrigatórias como as facultativas, devem ser dirigidas ao tribunal do trabalho territorialmente competente, ou seja ao tribunal do trabalho do lugar onde o acidente ocorreu ou ao do domicílio do sinistrado, se o acidente tiver ocorrido no estrangeiro, como resulta da conjugação dos artigos 2.º, alínea g), 16.º e 18.º da Lei n.º 143/99, 30.04.

Mas no caso de inscrito marítimo ou tripulante de qualquer aeronave e o acidente ocorrer em viagem ou durante ela se verificar a doença, é ainda competente o tribunal da primeira localidade em território nacional a que chegar o barco ou aeronave ou o da sua matrícula, conforme dispõe o n.º 5 do artigo 15.º do CPT.

E se o acidente ocorrer em viagem marítima e o sinistrado for recolhido por helicóptero?

O tribunal do trabalho territorialmente competente será o da localidade em território nacional a que chegar a aeronave, motivada pela urgência da assistência médica ao sinistrado, ou o tribunal da localidade da matrícula do barco onde ocorreu o acidente.

Mas é também competente o tribunal do domicílio do sinistrado, doente ou beneficiário, se a participação aí for apresentada ou se ele (sinistrado, doente ou beneficiário) o requerer até à fase contenciosa do processo. É o que dispõe o n.º 4 do artigo 15.º. Ou seja, se o sinistrado o pretender, o tribunal do trabalho territorialmente competente será, em qualquer caso, o do seu domicílio, porque de mais fácil acesso.

Esta possibilidade que a lei confere ao sinistrado, tem suscitado o problema de saber qual o momento em que se fixa a competência territorial do tribunal do trabalho.

Como é sabido, o processo especial emergente de acidente de trabalho é composto por uma fase conciliatória dirigida pelo M. Público, que tem por base a participação do acidente – artigo 99.º do CPT – e por uma fase contenciosa, dirigida pelo juiz, que corre nos autos em que se processou a fase conciliatória – artigo 117.º do CPT –.

A jurisprudência tem entendido que esse momento é o da tentativa de conciliação que encerra a fase conciliatória, já que se a participação tiver sido dirigida ao tribunal do lugar do acidente ou da matrícula do barco e o sinistrado ou beneficiário nada tiver requerido, até ou durante a tentativa de conciliação, o envio do processo para o tribunal da área da sua residência, ao abrigo do n.º 4 do artigo 15.º do CPT, é porque entendeu ser mais conveniente para si o tribunal onde os autos correm, embora não seja o do seu domicílio.[17]

O artigo 16.º do CPT determina que, em caso de despedimento colectivo, os procedimentos cautelares de suspensão e as acções de impugnação devem ser propostas no tribunal do lugar onde se situa o estabelecimento da prestação de trabalho e se o despedimento abranger trabalhadores de diversos estabelecimentos, é competente o tribunal do

---

[17] Cfr. Ac. STJ de 16.12.1983, BMJ 332.º/423.

lugar onde se situa o estabelecimento com maior número de trabalhadores despedidos.

Esta regra especial do artigo 16.º prejudica a regra geral enunciada no artigo 13.º, n.º 1 – a regra do domicílio do réu – ao usar a expressão *devem ser*?

A doutrina tende a entender que não, isto é, que atentos os interesses em presença, que nada obsta à aplicação da regra geral do domicílio do réu.[18]

Sobre o conhecimento oficioso da incompetência relativa, deve aplicar-se, com as necessárias adaptações, o artigo 110.º do CPC, nomeadamente, a alínea c) – é permitido o conhecimento oficioso da incompetência em razão do território, *"nas causas que, por lei, devam correr como dependência de outro processo"* – e o n.º 2 – *"a incompetência em razão do valor da causa ou da forma de processo aplicável é sempre do conhecimento oficioso do tribunal, seja qual for a acção em que se suscite"*.

Importa ainda realçar o artigo 19.º do CPT, sob a epígrafe *Nulidade dos pactos de desaforamento*, o qual estabelece que *"são nulos os pactos ou cláusulas pelos quais se pretende excluir a competência territorial atribuída pelos artigos anteriores"*.

A nulidade dos pactos de desaforamento constitui um desvio à regra consagrada no artigo 100.º do CPC, que permite o afastamento convencional das regras de competência territorial.

Passemos agora à abordagem da **competência internacional** dos tribunais do trabalho, a qual se coloca a propósito do julgamento de acções quando há outras ordens jurídicas em causa.

A este propósito, dispõe o artigo 10.º do CPT: *"Na competência internacional dos tribunais do trabalho estão incluídos os casos em que a acção pode ser proposta em Portugal, segundo as regras de competência territorial estabelecidas neste Código, ou de terem sido praticados em território português, no todo ou em parte, os factos que integram a causa de pedir na acção"*.

---

[18] Cfr. Albino Mendes Baptista, Código de processo do Trabalho Anotado, 2000, pág. 55.

A 1.ª parte deste artigo 10.º consagra o princípio da coincidência entre a competência internacional dos tribunais do trabalho e a competência territorial estabelecida nos artigos 13.º e segs. do CPT, em termos coincidentes com os fixados na alínea b), do n.º 1, do artigo 65.º do CPC.

Por seu lado, a 2.ª parte do artigo 10.º, em paralelo com o preceituado na alínea c) do n.º 1 do artigo 65.º do CPC, adopta o princípio da causalidade, de uma forma alargada (o correspondente artigo 11.º do anterior código era mais restritivo), uma vez que considera bastante que tenham sido praticados em território português, *no todo ou em parte*, os factos que integrem a causa de pedir na acção.

Por sua vez, o artigo 11.º, sob a epígrafe *Pactos privativos de jurisdição*, dispõe que "*Não podem ser invocados perante tribunais portugueses os pactos ou cláusulas que lhes retirem competência internacional atribuída ou reconhecida pela lei portuguesa, salvo se outra for a solução estabelecida em convenções internacionais*".

Significa isto que, como decorrência do primado do direito internacional convencional, o actual CPT ressalva, no que se refere à invocabilidade dos pactos privativos de jurisdição, as soluções estabelecidas em convenções internacionais.

O princípio sobre os pactos privativos de jurisdição foi introduzido no direito processual do trabalho pelo DL n.º 45 497, de 30.12.1963, que aprovou o Código de Processo do Trabalho de 1963 (ver seu artigo 13.º).

A sua justificação assenta no facto das normas que fixam a competência internacional dos tribunais do trabalho portugueses serem de interesse e ordem pública, na medida em que determinam o campo dentro do qual a jurisdição portuguesa do trabalho, em conflito com a de outros Estados, se move soberanamente. Sendo regras de interesse e ordem pública, escapam ao domínio da vontade das partes.

Assim, colocadas perante as normas que regulamentam a competência internacional, as partes podem, por convenção, submeter à jurisdição portuguesa uma causa que, face às regras do artigo 10.º do CPT não é da competência dos tribunais do trabalho portugueses **ou** submeter à jurisdição estrangeira uma causa que, face às mesmas regras, é da competência dos tribunais do trabalho portugueses.

No 1.º caso, está-se perante um *pacto atributivo* de competência internacional, perfeitamente válido se verificados cumulativamente os requisitos, em cada caso concreto, previstos no artigo 99.º, n.º 3, do CPC, aplicável, subsidiariamente, nos termos do disposto no artigo 1.º, n.º 2, alínea a), do CPT.

No 2.º caso, está-se perante um *pacto privativo* de jurisdição que, atento o disposto nos artigos 10.º e 11.º do CPT, terá de considerar-se nulo e de nenhum efeito[19-20]

Termino, agradecendo a vossa atenção.

Lisboa, 16 de Março de 2006

---

[19] Sobre a competência internacional, ver o STJ, de 20.06.2000, CJ/STJ, 2000, pág. 279, a propósito do "Protocolo de Acordo", celebrado entre o Estado Português e a Frelimo.

[20] Cfr. ainda o Ac. do STJ, de 04.12.2002, www.dgsi.pt, num caso em que existem elementos de conexão com mais do que um dos respectivos Estados Contratantes e com a Convenção de Lugano, de 16 de Setembro de 1988, Relativa à Competência Judiciária e à Execução de Decisões em Matéria Civil e Comercial, e a Convenção de Bruxelas, de 27 de Setembro de 1968, Relativa à Competência Judiciária e à Execução de Decisões em Matéria Civil e Comercial e Textos Complementares.

O MINISTÉRIO PÚBLICO E O PATROCÍNIO DOS TRABALHADORES NO PROCESSO DECLARATIVO LABORAL*

João Monteiro
Procurador da República
Docente do Centro de Estudos Judiciários

Sumário: 1. O Ministério Público e o patrocínio oficioso dos trabalhadores: brevíssimo apontamento histórico. 2. O patrocínio judiciário do Ministério Público como uma garantia acrescida dos trabalhadores no acesso ao direito e aos tribunais. 3. O Ministério Público nos Tribunais do Trabalho: informação e mediação laboral. 4. Assunção e recusa do patrocínio. 5. Intervenção principal e acessória do Ministério Público no processo declarativo comum laboral. 6. Situações de conflito entre entidades, pessoas ou interesses que o Ministério Público deva representar ou patrocinar.

1. O Ministério Público e o patrocínio oficioso dos trabalhadores: brevíssimo apontamento histórico

O patrocínio oficioso dos trabalhadores por conta de outrem a cargo

---

* O presente texto corresponde, praticamente na íntegra e com actualizações, à exposição feita nas *Jornadas de Direito Processual do Trabalho*, organizadas pelo Instituto de Direito do Trabalho, Centro de Estudos Judiciários e Conselho Distrital de Lisboa da Ordem dos Advogados, que tiveram lugar na Faculdade de Direito de Lisboa, nos dias 16 e 17 de Março de 2006.

do Ministério Público encontra-se consagrado no nosso ordenamento processual laboral há mais de 65 anos.[1]

Com efeito, a atribuição desse patrocínio ao Ministério Público remonta ao Código de Processo nos Tribunais do Trabalho de 1941.[2]

Nesse diploma legal e pela primeira vez estabeleceu-se expressamente a possibilidade do Ministério Público exercer o patrocínio oficioso dos trabalhadores, em determinadas acções laborais, mormente, em acções emergentes de contrato individual de trabalho de valor diminuto.[3]

Em 1958 com o Estatuto dos Tribunais do Trabalho, aprovado pelo Dec. Lei n.º 41.745, de 21 de Julho de 1958, veio a ser plenamente acolhido o sistema de patrocínio oficioso dos trabalhadores pelo Ministério Público, sem quaisquer restrições, nomeadamente, as relativas ao valor da causa.[4]

Esta solução veio posteriormente a ser consagrada no Código de Processo do Trabalho de 1963, aprovado pelo Dec. Lei n.º 45.497, de 30 de Dezembro de 1963, que no seu art. 8 al. a) estabelecia: "(...) *Os agentes do Ministério Público exercem o patrocínio oficioso quando a lei o determine ou as partes o solicitem:*

a) Dos trabalhadores e seus familiares; (...)".

Quanto aos motivos determinantes de tal opção legislativa explicitava-se no preâmbulo do referido CPT de 1963 que *"(...) Pelo novo diploma alarga-se o patrocínio judiciário a todos os trabalhadores e seus*

---

[1] Remontando um primeiro afloramento dessa atribuição legal, mas ainda sem densificação adjectiva explícita, ao Dec. Lei n.º 24.194, de 20 de Julho de 1934, onde no seu art. 5.º se estipulava que as funções de Ministério Público eram exercidas por Delegados do Instituto Nacional do Trabalho e Previdência, a quem competia "(...) *as atribuições de fiscais da lei e de protectores oficiosos dos trabalhadores* (...)". Contudo, não era cometido aos referidos agentes do Ministério Público o patrocínio oficioso dos trabalhadores nas questões de trabalho – cfr. art. 26.º do referido diploma legal.

[2] Aprovado pelo Dec. Lei n.º 30.910, de 23 de Novembro de 1940.

[3] De harmonia com o preceituado no art. 8.º do Código de Processo nos Tribunais do Trabalho de 1941, competia ao Ministério Público o exercício do patrocínio oficioso em relação a todos os trabalhadores nos processos emergentes de acidentes de trabalho e de doenças profissionais e ainda nas acções emergentes de contratos de trabalho de valor não superior a 3.000$00. Nas acções emergentes de contratos de trabalho em que cumulativamente se verificasse serem de valor superior a 3.000$00 e que existisse a constituição de advogado pelas entidades empregadoras, o patrocínio oficioso dos trabalhadores incumbia a advogado nomeado pelo juiz do processo – cfr. § 1.º do referido art. 8.º.

familiares sem as restrições do valor da acção, pois a experiência tem demonstrado que esse valor não é índice da capacidade económica do trabalhador. São, na verdade, frequentes os casos de acções de valor relativamente elevado propostas por trabalhadores sem recursos. Foi também ponderado que o trabalhador, sempre que tem possibilidades económicas, prefere constituir advogado. O alargamento, visa, assim, evitar que o trabalhador se veja inibido de fazer valer os seus direitos por falta de recursos. (...)".[5]

Não obstante a solução legal de atribuir ao Ministério Público o patrocínio judiciário dos trabalhadores por conta de outrem ter surgido como criação do denominado Estado Corporativo, tem-se mantido, desde então, intocada tal atribuição legal.

Essa atribuição legal tem merecido consagração expressa em todos os diplomas reguladores do Estatuto do Ministério Público posteriores à Constituição da República Portuguesa de 1976, bem como nos Códigos de Processo do Trabalho aprovados depois dela.[6]

O patrocínio judiciário dos trabalhadores e seus familiares por questões de cariz social/laboral a cargo do Ministério Público está,

---

[4] Com efeito, no art. 31.º do referido DL n.º 41.745 consignou-se expressamente que "(...) *aos agentes do Ministério Público junto dos tribunais do trabalho compete especialmente o patrocínio oficioso dos trabalhadores e suas famílias na defesa dos seus direitos de carácter social (...)*".

[5] A solução legal de cometer ao Ministério Público o patrocínio oficioso dos trabalhadores não foi pacífica. Contra tal regime pronunciou-se criticamente, ao tempo, ADELINO DA PALMA CARLOS referindo que "(...) *As intenções confessadas pelo legislador são excelentes; mas não será ousado afirmar que, em face das disposições dos arts. 7.º a 10.º, a intervenção de advogados por banda dos autores, embora sempre permitida, desaparece praticamente nos processos da competência dos Tribunais do Trabalho. O Ministério Público ou o seu substituto legal passarão sempre a exercer – é fácil prevê-lo! – o patrocínio dos autores; e até nos casos de conflitos de interesses, o patrocínio dos autores e dos réus (art. 10.º n.ºs 1 e 2). E com esta particularidade extraordinária: ele, Ministério Público, que representa uma das partes, preside à tentativa de conciliação obrigatória, nos termos do art. 50.º!* (...)", "As Partes no Processo do Trabalho", in *Curso de Direito Processual do Trabalho*, suplemento da RFDUL, Lisboa, 1964, págs. 121-122.

[6] Após a CRP de 1976 e para além do CPT ora vigente, foram aprovados outros dois Códigos de Processo do Trabalho, respectivamente, pelos Decs. Leis 537/79, de 31 de Dezembro e 272-A/81, de 30 de Setembro *(este último entrou em vigor em 1.1.82 e a vigência do primeiro foi sendo sucessivamente adiada até que veio a ser revogado pelo art. 3.º do mencionado DL 272-A/81).*

actualmente, previsto no art. 7.º al. a) do Código de Processo do Trabalho[7] *(doravante apenas designado por CPT)*, onde se estipula que:

"(...) *Sem prejuízo do regime do apoio judiciário, quando a lei o determine ou as partes o solicitem, o Ministério Público exerce o patrocínio: a) Dos trabalhadores e seus familiares; (...)*".

Esta norma adjectiva é a projecção explícita do estabelecido no art. 3.º n.º 1 al. d) do Estatuto do Ministério Público[8] (EMP), onde se prevê que compete, especialmente, ao Ministério Público exercer o patrocínio oficioso dos trabalhadores e suas famílias na defesa dos seus direitos de carácter social.

2. O patrocínio judiciário do Ministério Público como uma garantia acrescida dos trabalhadores no acesso ao direito e aos tribunais

Conforme inequivocamente resulta do citado art. 7.º al. a) do CPT e se mostra afirmado no seu preâmbulo, o patrocínio judiciário dos trabalhadores por conta de outrem, por interesses de ordem social e laboral, cometido ao Ministério Público não é exclusivo, não gozando de qualquer primazia face ao mandato judicial ou ao regime geral do apoio judiciário, ao qual poderão os trabalhadores, aceder, querendo, desde que verificados os respectivos pressupostos de atribuição de tal benefício.[9]

---

[7] O actual Código de Processo do Trabalho, em vigor desde 1 de Janeiro de 2000, foi aprovado pelo Dec. Lei n.º 480/99, de 9 de Novembro, ao abrigo da autorização legislativa concedida pela Lei n.º 42/99, de 9 de Junho.

[8] Na redacção introduzida pela Lei n.º 60/98, de 27 de Agosto.

[9] O actual regime de acesso ao direito e aos tribunais, em vigor desde 1 de Setembro de 2004, foi aprovado pela Lei n.º 34/04, de 29 de Julho. Na vigência do CPT de 1981 colocava-se a questão de saber se o regime aí instituído de patrocínio dos trabalhadores pelo Ministério Público, consagrado no seu art. 8.º al. a) *["(...) Os agentes do Ministério Público devem o patrocínio oficioso: a) Aos trabalhadores e seus familiares; (...)"]*, impedia que os trabalhadores se pudessem socorrer do patrocínio oficioso assegurado por advogado, no âmbito do regime geral de apoio judiciário, caso reunissem as condições legais para beneficiarem desse regime. A resposta a tal questão não era pacífica quer na doutrina quer na jurisprudência. Chamado a pronunciar-se sobre essa mesma questão, o Tribunal Constitucional, no Acórdão n.º 190/92 – Proc. n.º 20/91 – de 21 de Maio, publicado no D.R., II Série, de 18.8.92, págs. 7679-7684, respondeu negativamente, manifestando-se, assim, contrário ao regime de exclusividade do

O patrocínio judiciário pelo Ministério Público constitui, assim, para os trabalhadores subordinados uma garantia acrescida no acesso ao direito e aos tribunais, direito fundamental consagrado no art. 20.° da CRP.

A existência de um regime legal que atribui ao Ministério Público o exercício do patrocínio oficioso dos trabalhadores assenta na própria natureza dos valores em causa no domínio juslaboral, valores esses que são de interesse e ordem pública, destinando-se, no essencial, esse regime a assegurar a igualdade real e não meramente formal das partes, sendo seus beneficiários todos os trabalhadores, independentemente da sua condição económica e social.

A propósito do princípio da igualdade real das partes, o Prof. Raul Ventura numa lição, cuja pertinência consideramos perfeitamente actual, proferida no início de 1964, no âmbito de um "Curso de Direito Processual do Trabalho", referia que:

"(...) *O processo do trabalho não deve ser um processo punitivo da maior capacidade económica das entidades patronais, mas deve ser, por um lado, um processo impeditivo do abuso dessa diferença económica e, por outro lado, um processo correctivo da fraqueza económica e social da parte trabalhadora.*

A igualdade real das partes no processo de trabalho exige regras e espíritos específicos.

Entre as primeiras contam-se, por exemplo, o patrocínio da parte trabalhadora (...) pelo (...) Ministério Público; (...)".[10]

Sendo pacífico que a relação jurídico-laboral é uma relação assimétrica, de poder-sujeição, em que o trabalhador se encontra em relação ao empregador numa situação de notória desigualdade, a garantia da igualdade substancial das partes, constituindo uma dimensão do princípio da justiça completa, permanece como uma referência fundamental no âmbito da jurisdição laboral.[11]

---

patrocínio oficioso dos trabalhadores a cargo do Ministério Público "(...) *por entender que, por outro modo, resultaria, antes de mais, violado o princípio da igualdade, podendo haver trabalhadores privados do direito de serem patrocinados por advogado da sua livre escolha em processos laborais, exclusivamente em razão da sua situação económica.* (...)".

[10] RAUL VENTURA, "Princípios Gerais de Direito Processual do Trabalho", in *Curso de Direito Processual do Trabalho*, suplemento da RFDUL, Lisboa 1964, pág. 38.

[11] Cfr. JOSÉ JOÃO ABRANTES, "A Autonomia do Direito do Trabalho, a Constituição Laboral e o art. 4.° do Código do Trabalho", in *Estudos de Direito do Trabalho em Homenagem ao Professor MANUEL ALONSO OLEA*, Almedina, 2004, págs. 409 e segs.

Em suma, o patrocínio judiciário dos trabalhadores por conta de outrem cometido ao Ministério Público é uma medida de discriminação positiva, representando, no essencial e no actual contexto legal, uma garantia acrescida para esses mesmos trabalhadores no acesso ao direito e aos tribunais, constituindo, assim, um meio adequado à consecução do princípio da igualdade real das partes.

3. O Ministério Público nos tribunais do trabalho: informação e mediação laboral

Na prática e para que o exercício desse patrocínio seja dotado de efectividade e eficácia, o Ministério Público organiza, nos Tribunais do Trabalho, um serviço de atendimento, destinado a prestar aos trabalhadores informação jurídica relativa a questões inerentes aos seus direitos de natureza social, designadamente, os emergentes de contrato individual de trabalho, bem como a receber os respectivos pedidos de patrocínio judiciário.

Esse serviço de atendimento é assegurado directamente pelos próprios magistrados do Ministério Público, em regra, Procuradores da República, em exercício de funções nos Tribunais do Trabalho.

É nesse primeiro contacto com os trabalhadores que os magistrados do Ministério Público identificam as situações carecidas de tutela jurisdicional ou outra e determinam os procedimentos adequados à defesa dos seus direitos de carácter social.[12]

A instauração de quaisquer acções judiciais por parte do Ministério Público no exercício do patrocínio oficioso dos trabalhadores pressupõe

---

[12] Com este primeiro contacto inicia-se uma fase prévia ao patrocínio propriamente dito, a qual tem vindo a ser designada por *"Pré-Patrocínio"*. A este propósito e para maiores desenvolvimentos cfr. JOÃO RATO, "O Ministério Público e jurisdição do trabalho", *in* Questões Laborais, Ano V, n.º 11, págs. 36 e segs., Coimbra Editora, 1998, a Comunicação intitulada "O Ministério Público na Jurisdição Laboral" apresentada por oito Procuradores da República no Congresso da Justiça – Justiça Laboral – que se realizou nos dias 18 a 20 de Dezembro de 2003 na Reitoria e Faculdade de Letras da Universidade de Lisboa, cujo texto integral se mostra disponível em www.pgdlisboa.pt e VALÉRIO PINTO, "O Ministério Público e o patrocínio dos trabalhadores na jurisdição do Tribunal do Comércio", *in* Questões Laborais, Ano XI, n.º 23, págs. 81 e segs., Coimbra Editora, 2004.

sempre que estes, após serem devidamente informados, o solicitem expressamente.

Quando esse pedido de patrocínio é expresso pelos trabalhadores,[13] o mesmo dá origem a um processo administrativo, o qual, não obstante a equivocidade da sua designação, mais não é do que um instrumento interno de trabalho do magistrado do Ministério Público, sem quase nada que substancialmente o distinga do *dossier* de trabalho organizado pelos advogados para acompanharem os casos dos seus constituintes.

Nesse processo administrativo, que é por natureza confidencial e não está sujeito a quaisquer formalidades previstas na lei, o magistrado do Ministério Público colige informalmente os elementos que o habilitem à eventual propositura da acção ou procedimento judicial que o caso concreto impuser.[14]

Porém, antes da instauração de qualquer acção judicial, mostra-se, hoje, generalizada a prática pelo Ministério Público de promover, no âmbito desse processo administrativo, a realização de uma tentativa prejudicial de conciliação entre o trabalhador e entidade empregadora.

A promoção dessa tentativa prejudicial de conciliação pressupõe a anuência prévia do trabalhador e a informação aos interessados do seu carácter facultativo.

Esta prática surge inspirada, além do mais, numa linha de tradição legislativa de longa data que se manteve até 1985, no âmbito da qual se previa, em casos determinados, a obrigatoriedade da realização de uma tentativa prejudicial de conciliação perante os então Serviços de Conciliação do Trabalho ou o Ministério Público, constituindo essa tentativa prévia de conciliação um pressuposto processual objectivo, nomeadamente, no respeitante às acções emergentes de contrato individual de trabalho.[15]

---

[13] Quanto aos pedidos de patrocínio oficioso apresentados pelos trabalhadores e seus familiares veja-se a recente Circular da Procuradoria-Geral da República n.º 5/06, de 27.3.06, cujo texto integral se encontra disponível em www.pgr.pt.

[14] Vd. as Circulares da Procuradoria-Geral da República n.os 12/79, de 11.5.79 (Organização de processos administrativos. Instauração, tramitação e comunicações), 36/81, de 12.11.81 (Organização de processos administrativos nos Tribunais do Trabalho) e 4/84, de 18.5.84 (Organização de processos administrativos nos Tribunais do Trabalho. Excepcionalidade da dispensa), acessíveis em www.pgr.pt.

[15] Estipulava-se no CPT de 81 nos n.os 1 e 2 do art. 49.º (posteriormente revogado pelo art. 15.º do Dec.º Lei n.º 115/85, de 18 de Abril) que *"(...) 1. Nenhuma acção*

Por outro lado, também não é estranha a essa prática a prevalência que o nosso sistema juslaboral sempre conferiu à autocomposição das partes nos litígios emergentes das relações de trabalho em homenagem ao interesse público da paz social.

A promoção por parte do Ministério Público da referida tentativa de conciliação tem-se revestido de proficiência considerável e assinalável êxito, sendo muito significativo o número de conciliações bem sucedidas por essa via conseguidas.

No ano de 2003, último ano de que dispomos dados estatísticos completos, foram pelo Ministério Público realizadas com sucesso a nível nacional 2.800 tentativas prejudiciais de conciliação relativas a questões emergentes de contrato individual de trabalho,[16] o que significou que um considerável número de acções de processo declarativo comum laboral não tivessem sido instauradas, bem como representou que um elevado número de trabalhadores e entidades empregadoras tenham logrado obter uma resolução consensual do seu litígio e com celeridade, num prazo que, em regra, não ultrapassa os 30 dias.

Nas mencionadas tentativas prejudiciais de conciliação, o Ministério Público age como mediador entre as partes, promovendo, assim, a realização de uma justiça em parceria e de proximidade e, desse modo, contribuindo para uma resolução mais célere, justa e eficaz dos conflitos laborais.[17]

---

respeitante a questões relativas às alíneas b), f), g) e h) do art. 66.º da Lei n.º 82/77, de 6 de Dezembro, terá seguimento sem que o autor prove a realização de tentativa prévia de conciliação ou a impossibilidade da sua realização, devendo o juiz ordenar a suspensão da instância logo que se verifique a sua falta. 2. A tentativa de conciliação é realizada perante os serviços de conciliação do trabalho ou perante o Ministério Público junto do tribunal competente para a acção, se aqueles serviços não existirem para a actividade profissional do trabalhador. (...)".

[16] Nesse mesmo ano, no Tribunal do Trabalho de Lisboa, o Ministério Público recebeu 1.618 pedidos de patrocínio relativos a acções de contrato individual de trabalho, tendo realizado com êxito 610 conciliações *(22% das realizadas a nível nacional)*, o que representou que em cerca de 38% do total do número de pedidos de patrocínio recebidos não foi necessária a propositura da acção a que os mesmos se destinavam por resolução consensual do litígio.

[17] Recentemente foi criado o Sistema de Mediação Laboral, mecanismo alternativo de resolução de litígios laborais, através de um protocolo celebrado em 5 de Maio de 2006 entre o Ministério da Justiça e as seguintes entidades: Confederação dos Agricultores de Portugal, Confederação do Comércio e Serviços de Portugal, Confederação

4. Assunção e recusa do patrocínio

O Ministério Público apenas assume, em toda a sua dimensão, o papel de patrono do trabalhador, quando não é conseguido o acordo nas referidas tentativas de conciliação, ou quando estas, por qualquer circunstância, não tenham sido realizadas.

Todavia, para que o Ministério assuma esse patrocínio, necessário se torna ainda que as pretensões possam ser conhecidas pelos tribunais portugueses, sejam fundadas e não sejam manifestamente injustas e nos casos dos trabalhadores sindicalizados que estes estejam impedidos de recorrer aos serviços do contencioso do seu sindicato.

Na verdade, e conforme resulta do art. 8.º n.º 1 do CPT, o Ministério Público deve recusar o patrocínio a pretensões que repute infundadas ou manifestamente injustas,[18] podendo ainda recusá-lo quando verifique a

---

Geral dos Trabalhadores Portugueses – Intersindical Nacional, Confederação da Indústria Portuguesa, Confederação do Turismo Português e União Geral de Trabalhadores.

No essencial, este Sistema de Mediação Laboral visa permitir a resolução de litígios em matéria laboral *(quando não estejam em causa direitos indisponíveis e quando não resultem de acidente de trabalho)*, através da mediação, com recurso a mediadores independentes, imparciais e credenciados, com o objectivo de estabelecer a comunicação entre as partes – trabalhadores e empregadores – para que estas encontrem, por si próprias, a base do acordo e a consequente resolução do litígio – cfr. Clª 1.ª do mencionado protocolo. Para melhores esclarecimentos consultar o "Protocolo do Sistema de Mediação Laboral", cujo texto integral, bem como outros documentos conexos, se encontram disponíveis em www.dgae.mj.pt.

[18] Como refere CARLOS ALEGRE *in* "Código de Processo do Trabalho Anotado", Almedina, 2003, pág.63: "(...) *Do ponto de vista material da pretensão ela é infundada desde que se verifique claramente a não existência do direito que o trabalhador pretenda fazer valer por via da acção; do ponto de vista adjectivo da pretensão, ela será infundada, quando, apesar de não parecer manifestamente inviável sob o ponto de vista substantivo do direito, se não dispõem de elementos probatórios ou outros, sem os quais a sua improcedência é evidente.*

A avaliação de pretensões manifestamente injustas oferece um maior grau de dificuldade, uma vez que depende do resultado de uma análise de conjunto da situação do trabalhador que solicita o patrocínio, face ao dador do trabalho ou face a outras circunstâncias. Entrarão naquela avaliação factores que vão desde aos meramente económicos, aos sociais, até aos morais. Em todo o caso, terão que ser factores mais objectivos que subjectivos, facilmente observáveis, manifestamente chocantes sob o ponto de vista de uma justiça concreta.(...)".

possibilidade do trabalhador recorrer aos serviços do contencioso da associação sindical que o represente.

Quando o magistrado do Ministério Público recusa o patrocínio, deve promover a notificação imediata ao interessado da sua decisão, da qual devem constar os fundamentos que a determinaram, notificando-o, ainda, de que, querendo, e caso não se conforme com a decisão de recusa, pode reclamar, no prazo de 15 dias, para o seu imediato superior hierárquico[19] – cfr. n.° 2 do art. 8.° do CPT.

Os prazos de propositura da acção e de prescrição suspendem-se entre a notificação da recusa de patrocínio e a notificação da decisão hierárquica que vier a ser proferida sobre a reclamação – cfr. n.° 3 do art. 8.° do CPT.

Este dever de recusa do patrocínio constitui, além do mais, a projecção explícita dos princípios da legalidade e da objectividade a que, por força da Constituição e do seu Estatuto, está adstrita toda a actividade do Ministério Público – cfr. arts. 219.° da CRP e 2.° n.° 2 do EMP.

Para além do particular condicionalismo que advém da vinculação da actuação do Ministério Público a critérios de estrita legalidade e objectividade, o patrocínio dos trabalhadores exercido pelo Ministério Público mostra-se também sujeito aos mesmos limites que condicionam o exercício do patrocínio judiciário em geral.

Diversamente do patrocínio exercido por advogado, o patrocínio do Ministério Público é legalmente vinculado, gratuito, geral e subsidiário.[20]

O patrocínio dos trabalhadores exercido pelo Ministério Público no âmbito da jurisdição laboral e no que às acções de processo declarativo comum concerne, traduz-se, na prática e no essencial, na propositura e subsequente acompanhamento de acções emergentes de contrato individual de trabalho, destacando-se pela sua frequência as destinadas à impugnação de despedimentos ilícitos, bem como na instauração de procedimentos cautelares comuns e especiais, salientando-se, neste último caso, a suspensão de despedimento individual.

Por vezes, o patrocínio é ainda solicitado para a contestação de acções emergentes de contrato individual de trabalho em que os réus são trabalhadores – cfr. art. 58.° do CPT.

---

[19] Sobre a hierarquia no Ministério Público vd. arts. 7.°, 8.° e 76.° n.° 1 e 3 do EMP.

[20] Cfr. JOÃO RATO, "O Ministério Público e jurisdição do trabalho" in Questões Laborais, Ano V, n.° 11, págs. 41-42, Coimbra Editora, 1998.

5. Intervenção principal e acessória do Ministério Público no processo declarativo comum laboral

Quando exerce o patrocínio dos trabalhadores o Ministério Público tem intervenção principal nos processos – cfr. art. 5.º n.º 1 al. d) do EMP.

O estatuto da intervenção principal do Ministério Público no processo declarativo comum laboral em quase nada difere do estatuto de qualquer outra parte ou sujeito processual.

Com efeito, apenas as especificidades decorrentes do disposto no art. 58.º n.º 1 do CPT e do art. 486.º n.º 4 do CPC aplicável *ex vi* das disposições conjugadas dos arts. 2.º al. a) e 58.º n.º 2 do CPT e relativas ao regime da prorrogação do prazo para contestar divergem do estatuto conferido aos demais intervenientes processuais.

O Ministério Público intervém ainda acessoriamente nos processos em que o patrocínio tenha cessado por constituição de mandatário judicial por parte do trabalhador – cfr. arts. 9.º do CPT e 5.º n.º 4 alínea b) do EMP.

Essa intervenção acessória é processada de harmonia com o regulado no Código de Processo Civil – cfr. art. 334.º do CPC –, competindo, então, ao Ministério Público zelar pelos interesses que lhe estão confiados, exercendo os poderes que a lei processual confere à parte acessória e promovendo o que tiver por conveniente à defesa dos interesses da parte assistida.[21]

A manutenção dessa intervenção acessória do Ministério Público é materialmente justificada pela natureza de interesse e ordem pública dos valores em causa no domínio juslaboral – cfr. preâmbulo do CPT.

Muito embora se mostre afirmado no preâmbulo do CPT que *"(...) entende-se ser de manter a intervenção acessória do Ministério Público – agora a processar de harmonia com o regulado no Código de Processo Civil – nos casos de cessação da sua representação ou do seu patrocínio e ainda naqueles em que tal representação ou patrocínio não tenham sequer sido exercidos por, desde o início da lide, os interessados estarem representados por advogado. (...)"*, o certo é que, no actual quadro normativo, está excluída a obrigatoriedade da intervenção acessória do

---

[21] Sobre o estatuto processual da intervenção acessória do Ministério Público cfr. LOPES DO REGO, "A intervenção do Ministério Público na área cível e o respeito pelo princípio da igualdade de armas", *in O Ministério Público a Democracia e a Igualdade dos Cidadãos, 5.º Congresso do Ministério Público*, Cadernos da Revista do Ministério Público, n.º 10, Edições Cosmos e SMMP, Lisboa, 2000, pág. 95.

Ministério Público nos casos em que os trabalhadores se apresentam em juízo já com mandatário judicial constituído ou nomeado ao abrigo do instituto do apoio judiciário.

Na verdade, a interpretação conjugada das disposições legais constantes dos arts. 9.º do CPT e 5.º n.º 4 alínea a) do EMP afasta, em nosso entendimento, a (obrigatória) intervenção acessória do Ministério Público nos processos declarativos comuns laborais em que o patrocínio dos trabalhadores – autores ou réus – nunca tenha sido por si exercido.

Porém, mesmo nesses casos em que os trabalhadores se apresentam na lide já representados por advogado nem por isso está vedado ao Ministério Público requerer intervenção acessória, ao abrigo das disposições conjugadas dos arts. 3.º n.º 1 alínea l) do EMP e 335.º do CPC.

Com efeito, e conforme vem sustentando o Procurador-Geral--Adjunto, Lopes do Rego, "(...) *é lícito ao Ministério requerer intervenção acessória, nos termos gerais de direito, na veste de assistente, sempre que invoque que o objecto da causa envolve, pela sua natureza, conexão relevante com o interesse público, fundando-se, para tanto, nas disposições conjugadas dos artigos 3.º, n.º 1, alínea l), parte final, do Estatuto e no art. 335.º do Código de Processo Civil.*

Importará salientar, porém, que neste caso o estatuto da intervenção será tipicamente o previsto, em geral, no Código de Processo Civil para a assistência, já que o Ministério Público não intervém no processo obrigatoriamente, por força de determinada disposição legal, mas com base num juízo de conveniência ou oportunidade, tendo em conta os reflexos da decisão a proferir no interesse público. (...)".[22]

6. Situações de conflito entre entidades, pessoas ou interesses que o Ministério Público deva representar ou patrocinar

Atenta a heterogeneidade das atribuições constitucionais e legais cometidas ao Ministério Público e o polimorfismo que as caracteriza, não raras vezes se deparam, no âmbito da jurisdição laboral, situações de conflito entre entidades, pessoas ou interesses que o Ministério deva representar ou patrocinar.

---

[22] Cfr. LOPES DO REGO, *ob. cit.*, págs. 94-95.

Considere-se, por exemplo, entre outros, o caso dos trabalhadores vinculados ao Estado-Administração Central por contratos individuais de trabalho de direito privado.

Quanto esses trabalhadores, numa conjuntura de litígio, solicitam o patrocínio ao Ministério Público, a fim de serem judicialmente reconhecidos os seus direitos laborais, suscita-se uma situação de conflito.

Conflito esse que emerge do facto de ser cometida ao Ministério Público quer a representação do Estado quer o patrocínio judiciário dos trabalhadores subordinados – cfr. arts. 219.º n.º 1 da CRP, 3.º n.º 1 alíneas a) e d) do EMP, 6.º e 7.º alínea a) do CPT.

Atenta a inexistência de norma no actual CPT que preveja a resolução de tal conflito,[23] necessário se torna convocar o art. 69.º *(Representação especial do Ministério Público)* do EMP, cujo n.º 1 estatui que em caso de conflito entre entidades, pessoas ou interesses que o Ministério Público deva representar, o Procurador da República solicita à Ordem dos Advogados a indicação de um advogado para representar uma das partes.

Havendo urgência, e enquanto a nomeação não possa fazer-se, o juiz designa um advogado para intervir nos actos processuais – cfr. art. 69.º n.º 2 do EMP.

Embora, na literalidade dessa norma, apenas estejam contemplados os casos de conflito entre entidades, pessoas ou interesses que o Ministério Público deva representar, a sua interpretação extensiva permite nela também incluir, designadamente, as situações de conflito entre representação *versus* patrocínio.[24]

Não obstante o Estatuto do Ministério Público ser omisso no que respeita ao critério que deverá presidir, em caso de conflito, à opção do Ministério Público, afigura-se-nos que sendo o Ministério Público representante orgânico do Estado, será esta a sua representação natural, devendo, em princípio, prevalecer essa representação orgânica sobre a representação ou patrocínio de outras entidades, pessoas ou interesses, embora sem prejuízo da continuidade da representação ou patrocínio já assumidos no processo pelo Ministério Público.

---

[23] No âmbito do CPT de 1963 existia norma expressa – art. 10.º – que previa e solucionava tal conflito fazendo-se intervir o substituto legal do Ministério Público.

[24] Neste mesmo sentido pronunciam-se CARLOS ALEGRE *in* "Código de Processo do Trabalho Anotado", Almedina, 2003, págs. 61-62 e LEITE FERREIRA *in* "Código de Processo do Trabalho Anotado", 4ª Edição, Coimbra Editora, 1996, págs. 50-51.

PROCEDIMENTOS CAUTELARES LABORAIS[1]

MARIA ADELAIDE DOMINGOS
Juíza de Direito/Docente do CEJ

SUMÁRIO: 1. Razão de ser da tutela cautelar. 2. Os meios de tutela cautelar laboral. 3. Características comuns dos procedimentos cautelares laborais. 3.1. Dependência, instrumentalidade e provisoriedade. 3.2. Carácter sumário. 3.3. Carácter urgente. 3.4. Princípio do dispositivo e do pedido. 3.5. Contraditório mitigado. 4. As situações mais frequentes de tutela cautelar laboral e ajustamentos face ao Código do Trabalho.

1. Razão de ser da tutela cautelar

A garantia constitucional de acesso ao direito e aos tribunais prevista na actual redacção do artigo 20.º da Constituição da República Portuguesa concede aos cidadãos o direito de obterem, em prazo razoável, uma decisão judicial reguladora das pretensões que deduzam em juízo, bem como a possibilidade da mesma ser executada.[2]

---

[1] O presente texto foi escrito com base no guião que serviu de apoio à intervenção da signatária ocorrida no dia 16 de Março de 2006, no âmbito das Jornadas de Direito Processual do Trabalho, organizadas pelo IDT, em colaboração com o CEJ. Aproveitou-se a redução a escrito para desenvolver algumas ideias expressas apenas em tópicos e para levar em conta legislação, entretanto, publicada e relevante para a temática, bem como para introduzir notas bibliográficas.

[2] Princípio constitucional em sintonia com o artigo 6.º da Convenção Europeia dos Direitos do Homem que estipula o seguinte: "Qualquer pessoa tem direito a que a sua causa seja examinada, equitativa e publicamente, num prazo razoável por um tribunal ..."

Nisto se resume o poder de julgar e de executar conferido aos tribunais, traduzido afinal de contas, na vertente declarativa e executiva da função jurisdicional. Ou como se refere no artigo 2.º, n.º 2 do Código de Processo Civil (CPC), a todo o direito corresponde uma acção adequada a fazê-lo reconhecer em juízo e a realizá-lo coercivamente.

Mas nem sempre estas duas vertentes permitem a compatibilização de dois valores fundamentais: a celeridade e a justiça.[3] Em certas situações a demora de um processo pode prejudicar o efeito útil da decisão, devendo tal ser evitado através de meios jurídico-processuais que acautelem o perigo de lesão grave e irreparável do direito subjectivo em causa, através da adopção de medidas conservatórias ou antecipatórias da pretensão submetida à apreciação do tribunal: as providências cautelares. Estas são decretadas através dum mecanismo processual próprio: o procedimento cautelar.

Actualmente, o artigo 381.º, n.º 1 do CPC expressamente refere que as providências têm carácter conservatório ou antecipatório, classificação que tanto se aplica às providências cautelares comuns como às especificadas civis ou laborais, como às previstas em legislação avulsa.

As providências de carácter conservatório visam acautelar o efeito útil da acção principal assegurando a permanência da situação existente antes do litígio objecto da acção, enquanto que as providências de carácter antecipatório visam garantir um resultado que apenas será definitivamente alcançado na acção principal.[4]

---

[3] Conforme refere ALBERTO DOS REIS, "Código de Processo Civil Anotado", Volume I, Coimbra Editora, Lim., 1982, p. 624, "Convém, evidentemente, que a justiça seja *pronta*; mas, mais do que isso, convém que seja *justa*. O problema de política processual consiste em saber encontrar o equilíbrio razoável entre estas duas exigências: a celeridade e a justiça".

[4] ANTÓNIO GERALDES, "Temas da Reforma do Processo Civil", IV Volume, 6. Procedimento Cautelares Especificados Almedina, 2001, página 316, apresenta a seguinte definição: "As providências cautelares são medidas jurisdicionais de efeitos conservatórios, preventivos ou antecipatórios, com o propósito de evitar que a demora de um processo prejudique a parte que tem razão, de modo que o processo judicial instaurado consiga atribuir ao autor, quando vencedor, a tutela que receberia se não ocorresse o litígio".

A doutrina, de um modo geral, aceita a classificação que distingue entre providências conservatórias e antecipatórias (Cfr., por exemplo, LOPES DO REGO, "Comentários ao Código de Processo Civil", página 275 e LEBRE DE FREITAS et. al., "Código de Pro-

Importa referir que, embora o legislador nem sempre faça uma correcta aplicação das expressões, após a reforma processual civil dos anos noventa, a terminologia nesta matéria sofreu alterações, pelo que o termo "procedimento cautelar" designa a vertente adjectiva ou procedimental do conjunto de actos processuais que devem ser praticados, a respectiva sequência ou tramitação dos mesmos, enquanto o termo "providências cautelares" deve ser usado apenas para designar a medida que em concreto é requerida ou é julgada adequada para acautelar o direito substantivo sumariamente invocado, correspondendo *mutatis mutandis* ao pedido que é formulado na acção declarativa e objecto de decisão final.[5]

No foro laboral, a simplificação e unificação das formas de processo, a tramitação célere, consubstanciada na redução de articulados e de incidentes, na consagração de prazos encurtados, na atribuição de carácter urgente e/ou oficioso a certo tipo de acções, contribuem para minorar os efeitos perniciosos da demora na efectivação da tutela jurisdicional. Porém, a especial natureza da relação laboral, caracterizada por poderes materialmente assimétricos, ainda que formalmente iguais, bem como a natureza quase alimentícia da maioria dos direitos de crédito dos trabalhadores, justifica só por si, que a par da aplicação de procedimentos cautelares estritamente civilistas ou de carácter comum, se prevejam outros que especificamente acautelem os interesses característicos das relações jurídico-laborais.

---

cesso Civil Anotado", Volume 2.º, Coimbra Editora, 2001, páginas 8 a 10. Já MIGUEL TEIXEIRA DE SOUSA, em "Estudos sobre o novo processo civil", Lex, 1997, 2.ª edição, páginas 235 a 242, propõe uma classificação diferente para as providências nominadas civis, distinguindo entre **providências de garantia** (garantem a realização de uma pretensão e asseguram a sua execução – é o caso do arresto e do arrolamento); **providências de regulação** (como a restituição provisória de posse, embargo de obra nova e a suspensão de deliberações sociais, que definem uma situação provisória ou transitória até à definitiva composição da lide) e as **providências de antecipação** (como os alimentos provisórios e o arbitramento de reparação provisória, que têm efeitos semelhantes aos da decisão definitiva, por antecipação a tutela pretendida).

[5] ANTÓNIO GERALDES, "Temas da Reforma do Processo Civil", III Volume, 5 – Procedimento Cautelar Comum", Almedina, 1998, p. 38.

2. Os meios de tutela cautelar laboral

A reforma processual laboral, operada através do DL n.º 489/99, de 09.11, que aprovou o actual Código de Processo do Trabalho (CPT),[6] pretendeu harmonizar o processo laboral com as significativas alterações introduzidas na legislação processual civil através do DL n.º 329-A/95, de 12.12 e do DL n.º 180/96, de 25.09, as quais tinham passado a vigorar em 01.01.97.

No que concerne aos procedimentos cautelares, esta harmonização traduziu-se, essencialmente, em prever de forma explícita os procedimentos cautelares[7] e, à semelhança da técnica adoptada no CPC, autonomizou-se o procedimento cautelar comum em relação aos procedimentos cautelares especificados. Nestes, introduziu inovatoriamente, a providência com vista à protecção da segurança, higiene e saúde no trabalho.

O processo cautelar comum surge como um procedimento base ou modelar, aplicável sempre que à pretensão não caiba um procedimento cautelar especificado.

O Capítulo IV do CPT regula a matéria dos procedimentos cautelares apresentando a seguinte sistematização: o procedimento cautelar comum está regulado nos artigos 32.º e 33.º e os procedimentos cautelares especificados estão regulados nos artigos 34.º a 47.º.

Os procedimentos cautelares especificados previstos são: suspensão de despedimento individual (artigos 34.º a 40.º), suspensão de despedimento colectivo (artigos 41.º a 43.º) e providência com vista à protecção

---

[6] O novo CPT entrou em vigor no dia 01.01.2000 e só tem aplicação aos processos entrados em juízo a partir dessa data.

[7] O anterior CPC, aprovado pelo DL n.º 272-A/81, de 30.09, previa as providências cautelares como espécie de processo (7.ª espécie prevista no artigo 21.º). Contudo, apenas expressamente regulamentava dois tipos de providências cautelares: a suspensão de despedimento individual (artigos 38.º a 45.º) e a suspensão de despedimento colectivo (artigos 45-A, 45.º-B e 45.º-C, estes introduzidos pelo DL n.º 315/89, de 21.09).

Entendia-se que o CPT de 1981 não excluía a possibilidade de recurso à "tutela cautelar comum enquadrada no acesso ao direito e aos tribunais genericamente consagrado no artigo 2.º do CPC. Ainda que faltasse uma disposição expressa nesse sentido, deveria admitir-se a transposição para o domínio do foro laboral das providências cautelares com função instrumental relativamente aos processos em que se discutissem questões atinentes ao direito do trabalho" – ANTÓNIO GERALDES, "Temas da Reforma do Processo Civil", IV Volume, 6. Procedimento Cautelares Especificados Almedina, 2001, página 317.

da segurança, higiene e saúde no trabalho (artigos 44.º a 46.º). As providências cautelares características destes procedimentos cautelares especificados têm carácter antecipatório.

Manteve-se o princípio de aplicação subsidiária do CPC, em relação aos casos omissos (artigo 1.º, n.º 2, alínea a) do CPT) e estabeleceram-se regras de aplicação subsidiária entre procedimentos cautelares.

Assim: ao **procedimento cautelar comum laboral** aplica-se, em primeiro lugar, o disposto no artigo 32.º do CPT, que prescreve as especialidades e, subsidiariamente, as normas processuais civis para o procedimento cautelar comum, ou seja, os artigos 381.º a 392.º do CPC.

Quanto aos **procedimentos especificados laborais** aplicam-se, em primeira linha, os artigos 34.º a 46.º do CPT e, subsidiariamente, as normas processuais laborais aplicáveis ao procedimento cautelar comum laboral (artigo 33.º do CPT).

Mas estes não são os únicos procedimentos cautelares aplicáveis no foro laboral.

De facto, por força do artigo 47.º do CPT *"os procedimentos cautelares especificados no Código de Processo Civil que forem aplicáveis ao foro laboral seguem o regime estabelecido nesse Código".*

Dos procedimentos cautelares especificados previstos no CPC são, seguramente, aplicáveis em sede processual laboral, o arresto e o arrolamento (artigos 406.º seguintes e 421.º e seguintes do CPC).

Para além destes dois procedimentos cautelares especificados civis de carácter conservatório, há ainda que equacionar a aplicabilidade do procedimento cautelar de natureza antecipatória previsto nos artigos 403.º a 405.º do CPC (arbitramento de reparação provisória) em duas situações. Uma delas reporta-se à responsabilidade contratual[8] resultante de

---

[8] Tem sido discutida a aplicação do procedimento cautelar arbitramento de reparação provisória às situações de responsabilidade contratual. A questão coloca-se face ao n.º 4 do artigo 403.º do CPC, discutindo-se se o decretamento da providência apenas abrange as situações em que a pretensão indemnizatória se funda em dano susceptível de pôr seriamente em causa o sustento ou habitação do lesado no âmbito da aplicação da responsabilidade extracontratual ou se também é aplicável quando a situação de carência resulta de situações emergentes de responsabilidade civil contratual. O confronto entre a previsão normativa do n.º 1 e do n.º 4 do preceito evidencia que o n.º 1 encontra o seu campo de aplicação, por excelência, no domínio responsabilidade extracontratual, considerando o tipo de danos ali mencionados, enquanto o n.º 4, dada a variação possível dos danos abrangidos pelo normativo, adequa-se a danos causados por situações geradoras

incumprimento do contrato de trabalho no que concerne ao pagamento da retribuição e demais atribuições patrimoniais; a outra reporta-se à responsabilidade extracontratual no âmbito dos acidentes de trabalho.

Recentemente a Relação de Lisboa[9] admitiu a possibilidade de instauração desta providência por apenso ao processo principal onde o trabalhador demandava a entidade empregadora pedindo, para além do mais, o pagamento de várias retribuições que se encontravam em dívida, argumentando que a previsão do n.º 4 do artigo 403.º do CPC é aplicável em caso de responsabilidade contratual laboral, embora a tutela antecipatória não vise cobrir a totalidade da pretensão creditícia relacionada com o incumprimento, mas apenas a fixação duma indemnização em renda capaz de afastar o dano susceptível de pôr seriamente em causa o sustento ou habitação do lesado.

Quanto aos casos de acidente de trabalho a questão é mais delicada porque é necessário recortar a sua aplicabilidade face aos artigos 121.º a 125.º do CPT e artigos 17.º, n.º 5 da Lei n.º 100/97, de 13.09 (LAT) e artigo 47.º do Decreto-Lei n.º 143/99, de 30.04 (RLAT).

Ou seja, sempre que as situações se enquadrem nestes preceitos legais, por existirem meios processuais específicos de natureza antecipatória, está vedada a possibilidade de lançar mão do arbitramento de reparação provisória. Consequentemente, o arbitramento de reparação provisória justifica-se em duas situações distintas: a)- nos casos de pensão

---

de responsabilidade civil contratual. Para maiores desenvolvimentos e melhor explanação argumentativa, ver CÉLIA SOUSA PEREIRA, "Arbitramento de reparação provisória", Almedina, 2003, páginas 113 a 124. Também defendendo a aplicação à responsabilidade contratual e apresentando vários exemplos, veja-se, JOÃO CURA MARIANO,"A providência cautelar de arbitramento de reparação provisória", Almedina, 2006, 2.ª edição, páginas 73 e seguintes.

Defendendo a aplicação deste procedimento cautelar em direito laboral, pronuncia-se CARLOS MANUEL FERREIRA DA SILVA, "Providências antecipatórias no processo de trabalho português", in Questões Laborais, Ano VII-2000, n.º 15, Coimbra Editora, página 73.

[9] Acórdão da Relação de Lisboa, de 03.11.2004, processo n.º 9554/2003-4, disponível integralmente em www.dgsi.pt, cujo sumário é o seguinte: I – "A providência cautelar de arbitramento de reparação provisória prevista no n.º 4 do art. 403.º do CPC é aplicável em casos de responsabilidade contratual, designadamente, laboral.

II – A existência de possibilidade de instauração de procedimento cautelar de suspensão de despedimento não é impeditiva da aplicabilidade do arbitramento de reparação provisória."

provisória por morte e indemnizações provisórias, uma vez que os artigos 17.°, n.° 5 da LAT e 47.° da LAT só se aplicam quando se fixam pensões provisórias por incapacidade permanente, seja inferior a 30% ou igual ou superior a 30%; b)- às pensões e/ou indemnizações provisórias resultantes da aplicação dos artigos 121.° a 125.° do CPT, desde que o processo especial de acidente de trabalho esteja na fase conciliatória e em momento anterior à realização da tentativa de conciliação.[10]

O CPT ainda prevê outras formas de assegurar a tutela antecipatória, fora do âmbito de aplicação dos procedimentos cautelares propriamente ditos. O legislador inseriu na marcha processual específica de duas acções especiais mecanismos que antecipam a tutela definitiva, sem exigir a instauração dum procedimento cautelar.

Uma primeira situação encontra-se plasmada no processo especial de suspensão das deliberações das assembleias gerais de instituições de previdência ou de associações sindicais previsto no artigo 168.° do CPT. Se o autor demonstrar a *probabilidade da existência da ilegalidade da deliberação* e que da *execução a mesma lhe pode causar dano apreciável*, o juiz pode ordenar a suspensão logo após o recebimento da petição inicial ou após a contestação, sem prejuízo da decisão que vier a tomar a final.

Uma outra situação encontra-se consagrada no processo especial emergente de acidente de trabalho (artigos 99.° a 154.° do CPT). Os artigos 121.° a 125.° regulam as possibilidades de fixação de pensão ou de indemnização provisória. Todas estas situações pressupõem o prosseguimento do processo para a fase contenciosa. Nesta pode estar em causa o apuramento de várias circunstâncias necessárias à prolação de uma decisão definitiva. De facto, pode estar em causa a determinação da entidade responsável, a fixação do grau de incapacidade, o valor das retribuições auferidas pelo sinistrado, a existência e/ou validade de um seguro de acidente de trabalho, a solvabilidade da entidade responsável, etc. Porém, finda a fase conciliatória, abre-se a possibilidade do juiz, oficiosamente ou a pedido, determinar os valores provisórios das indemnizações e pensões, estabelecendo a lei a possibilidade de os mesmos serem

---

[10] Neste sentido, pronuncia-se ANTÓNIO GERALDES, *in* "Prontuário de Direito do Trabalho", Actualização n.° 51, CEJ, página 53 e em "Temas da Reforma do Processo Civil", IV Volume, 6. Procedimento Cautelares Especificados Almedina, 2001, página 350-353. Contra CARLOS MANUEL FERREIRA DA SILVA, ob., cit., página 73.

fixados com base em juízos de mera probabilidade quanto ao grau de incapacidade, ao valor da retribuição do sinistrado e até em relação ao responsável pela reparação, assegurando-se que o sinistrado receba os cuidados de saúde necessários, suportados provisoriamente pelo responsável pelo pagamento das prestações fixadas, também provisoriamente, ou pelo Fundo de Acidentes de Trabalho, desde que verificado o condicionalismo previsto no artigo 39.°, n.° 1 da LAT.

3. Características comuns dos procedimentos cautelares laborais

A par da existência de requisitos específicos para cada um dos procedimentos especificados laborais, bem como de uma tramitação própria, os procedimentos cautelares laborais partilham características comuns com os procedimentos cautelares civis.

Aliás, a técnica legislativa nesta matéria não é diferente daquela que o legislador utilizou em relação a vários institutos processuais laborais. De facto, o CPT prescreve as regras específicas, e em tudo o que não está consignado e não seja tido como voluntariamente afastado ou não seja incompatível com a índole do processo laboral, funciona a regra da aplicação subsidiária prevista no artigo 1.°, n.° 2, alínea a), complementada pelo artigo 32.°, n.° 1 e artigo 47.° do CPT, no que se reporta aos procedimentos cautelares. Apesar das vantagens desta técnica legislativa, concedendo algum carácter "enxuto" à lei processual laboral, nem sempre é fácil distinguir entre lacuna carecida de preenchimento com recurso ao princípio da subsidiariedade e regime processual laboral específico incompatível com aquele princípio. Aliás, é apenas em razão dessa dificuldade que se compreende a norma explicativa do artigo 47.° do CPT.

Em termos de características comuns aos procedimentos cautelares laborais, importa referenciar as seguintes:

3.1. *Dependência, instrumentalidade e provisoriedade*

Também vigora em sede de procedimentos cautelares laborais o princípio da dependência e instrumentalidade. O princípio da dependência reside, conforme decorre do artigo 383.° do CPC, na circunstância do procedimento cautelar correr como preliminar de uma acção a propor (declarativa ou executiva), ou como incidente de uma já proposta, extinguindo-se ou ocorrendo a caducidade da providência decretada, nos termos previstos no artigo 389.º do CPC. A extinção do procedimento cautelar e a caducidade da providência decretada resulta da não propositura da acção principal no prazo legalmente previsto (30 ou 10 dias, conforme se aplique o n.º 1, alínea a) ou o n.º 2 do citado artigo 389.º), da falta de impulso processual da acção principal por determinado período, da improcedência da acção principal, da absolvição da instância do requerente sem propositura de nova acção e da extinção do direito que o requerente quis acautelar.

A instrumentalidade resulta da circunstância da providência ser decretada com base numa previsão hipotética de favorabilidade da decisão definitiva em relação ao requerente. Daí que a extinção do procedimento cautelar e a caducidade da providência estejam directamente ligados às situações referidas no artigo 383.º do CPC, acima referidas.

Esta regra da instrumentalidade pressupõe a provisoriedade da decisão cautelar, razão pela qual o julgamento de facto e de direito no procedimento cautelar não tem qualquer influência na decisão final a proferir na causa principal (artigo 383.º, n.º 4 do CPC), sendo necessário proceder à produção de prova na acção principal não obstante ter ocorrido produção de prova no procedimento cautelar. De facto, a definição do litígio terá de ser obtida no processo principal, através do qual o autor faça valer o direito que pretende acautelar, uma vez que a tutela cautelar é provisória, alicerçada num mero juízo de probabilidade ou de verosimilhança alicerçado numa prova sumária e numa decisão igualmente sumária.

Porém, pode acontecer que a decisão obtida no procedimento cautelar dirima definitivamente o conflito. As partes por via da transacção e desde que, inequivocamente, acordem nesse sentido, podem pôr fim ao procedimento cautelar aceitando que a sua decisão, após homologação do tribunal, produza efeitos definitivos.[11]

Fora desta situação, no ordenamento processual laboral vigente, não existe normativo que preveja a possibilidade da decisão cautelar ser transformada em definitiva, a requerimento das partes ou oficiosamente, uma vez que as providências cautelares estão necessariamente dependentes de uma acção já pendente ou a instaurar após serem decretadas, na

---

[11] Cfr. Acórdão da Relação de Évora, de 13.12.2001, CJ 01, V, página 267.

qual o autor faça valer o direito que pretendeu acautelar ou antecipar provisoriamente.

No entanto, há situações em que a tutela cautelar regula definitivamente o litígio como que antecipando os efeitos da tutela pretendida na acção principal. Nestes casos, pode-se dizer que "a tutela cautelar deixa de garantir a efectividade prática da tutela principal"[12] e que o princípio da instrumentalidade desaparece por o procedimento cautelar ganhar autosuficiência.

A existência de situações em que há plena autonomia da decisão cautelar relativamente à tutela dos direitos em causa é reconhecida no âmbito do processo civil, embora se entenda que revestem carácter "anómalo", uma vez que, apesar do requerente ter "o ónus de promover a instauração ou o andamento regular de um processo definitivo com objecto semelhante, por vezes, o conflito de interesses fica sanado e o direito do requerente plenamente satisfeito com o simples decretamento da providência cautelar".[13]

Também no âmbito do Direito Administrativo, o artigo 121.°, n.° 1 do Código de Processo nos Tribunais Administrativos (CPTA) introduziu inovadoramente a possibilidade de antecipação do juízo sobre a causa principal, ao prescrever o seguinte: *"Quando a manifesta urgência na resolução definitiva do caso, atendendo à natureza das questões e à gravidade dos interesses envolvidos, permita concluir que a situação não se compadece com a adopção de uma simples providência cautelar e tenham sido trazidos ao processo todos os elementos necessários para o efeito, o tribunal pode, ouvidas as partes pelo prazo de 10 dias, antecipar o juízo sobre a causa principal".*

Apesar da excepcionalidade do preceito e da sua aplicação estar confinada pelos apertados requisitos nele previstos, a verdade é que esta

---

[12] A expressão é de RITA LYNCE DE FARIA, "A função instrumental da tutela cautelar não especificada", Universidade Católica Editora, 2003, página 223. Esta autora qualifica estas situações como situações de "incoerência, potencialmente destruidora do instituto cautelar".

[13] ANTÓNIO GERALDES, "Temas da Reforma do Processo Civil", III Volume, 5- Procedimento Cautelar Comum", Almedina, 1998, página 122-123. Este autor aponta como exemplo paradigmático, a providência destinada a impedir a realização de uma assembleia geral ilegalmente convocada. A decisão cautelar que intimide à sua não realização e o seu acatamento produzem efeitos imediatos e irreversíveis que não serão recuperados pela eventual caducidade da providência.

providência esgota "os efeitos da sentença na causa principal",[14] ao permitir a convolação da tutela cautelar em tutela final urgente.[15]

Também no direito processual civil, a publicação do Decreto-Lei n.º 108/2006, de 08.06, que aprovou o Regime Processual Civil Experimental, trouxe novidades nesta matéria, uma vez que o artigo 16.º estipula o seguinte:*"Quando tenham sido trazidos ao procedimento cautelar os elementos necessários à resolução definitiva do caso, o tribunal pode, ouvidas as partes, antecipar o juízo sobre a causa principal, aplicando-se, neste caso, o regime do presente diploma"*.

Parece, assim, que o legislador já introduziu no ordenamento jurídico civil a possibilidade da decisão cautelar se transformar em definitiva, verificados os requisitos previstos no preceito,[16] ainda que o regime só tenham aplicação aos processos nele previstos e às comarcas onde o mesmo se encontra em aplicação.[17]

Para além destas situações em que a antecipação da decisão ocorre no âmbito de um procedimento cautelar, também o Direito Administrativo introduziu outra inovação quando criou o chamado processo urgente de cognição sumária não cautelar (artigo 109.º e seguintes do CPTA). Trata-se de um processo autónomo, não cautelar, em que se verifica a necessidade de emissão urgente (diz o preceito, "em tempo útil") de uma decisão de fundo, indispensável para a assegurar direitos, liberdades e garantias, não sendo possível ou suficiente a tutela cautelar. Trata-se de uma intimidação que se traduz num meio processual "destinado a conferir protecção qualificada aos direitos, liberdades e garantias, no âmbito da concretização do comando constitucional consignado no n.º 5 do ar-

---

[14] VIEIRA ANDRADE, "Meios urgentes e tutela cautelar", *in* A Nova Justiça Administrativa, CEJ, Coimbra Editora, Janeiro 2006, página 115.

[15] Neste sentido, veja-se MÁRIO AROSO DE ALMEIDA, "O novo regime do processo nos Tribunais Administrativos", Almedina, 2003, página 263 e SOFIA HENRIQUES, "A tutela não especificada no novo contencioso administrativo português", Coimbra, 2006, página 113.

[16] MARIANA FRANÇA GOUVEIA, "Regime Processual Experimental", Almedina, 206, páginas151 e seguintes, refere expressamente que "a questão essencial em relação a esta norma é a dos seus requisitos, isto é, em que casos pode o juiz dar este *salto* decisório", identificando dois requisitos: um material (que se reconduz à análise das situações em que existem elementos necessários à resolução definitiva) e outro formal (obrigatoriedade do juiz respeitar o princípio do contraditório).

[17] Cfr. artigo 1.º do diploma e Portaria n.º 955/2006, de 13.09.

tigo 20.º da CRP", mas que apenas se aplica a "situações de lesão iminente e irreversível de um direito, liberdade e garantia",[18] ou seja, só é aplicável a situações urgentes não tuteláveis pela via cautelar prevista no artigo 131.º do mesmo CPTA.

A questão que se coloca perante esta evolução ao nível do Direito Processual Civil e do Direito Administrativo, é se a mesma contaminará a tutela concedida pelo direito substantivo e adjectivo às situações jurídico-laborais, seja na perspectiva da antecipação de decisões definitivas no âmbito da tutela cautelar, seja na consagração de processos urgentes autónomos de cognição sumária. E a questão parece ser pertinente porque no foro laboral há providências cautelares que tendem a adequar-se sobretudo às duas possibilidades, embora, aparentemente, com maior predominância para as situações de antecipação da decisão final no âmbito da tutela cautelar. Por exemplo, as providências destinadas a proteger a segurança, higiene e saúde no trabalho previstas no artigo 44.º a 46.º do CPT, podem ter a potencialidade de esgotar os efeitos da sentença da causa principal, tudo dependendo do tipo de providências decretadas e da sua extensão. Hipoteticamente não se pode excluir a possibilidade de as providências decretadas afastarem definitivamente o perigo sério e iminente de as instalações, locais e processos de trabalho afectarem a segurança, a higiene ou saúde dos trabalhadores. Portanto, pelo menos em algumas situações, parece que se justificaria o mecanismo de antecipação do juízo sobre a causa principal, senão mesmo a existência de um processo autónomo, não cautelar, de cognição sumária e de carácter urgente que dirimisse com celeridade e de forma definitiva o conflito de interesses em causa.

Como também se poderão conceber hipóteses em que no âmbito da tutela cautelar comum, a decisão cautelar tenha efeito de tutela final. Estamos a pensar, sobretudo, em algumas violações dos direitos de personalidade do trabalhador. Por exemplo, a providência que ordena a retirada de câmaras de videovigilância colocadas no local de trabalho em infracção ao disposto no artigo 20.º, n.º 1 do Código do Trabalho, pode esgotar o conteúdo útil da decisão principal. Como tal também se verificará nos casos em se discute a não admissibilidade do trabalhador(a) a realizar teste

---

[18] FERNANDA MAÇÃS, "Meios urgentes e tutela cautelar. Perplexidades quanto ao sentido e alcance de alguns mecanismos de tutela urgente", in A Nova Justiça Administrativa", CEJ, Coimbra Editora, Janeiro 2006, página 95 e 98.

ou exame médico, em violação do artigo 19.º, ou a prestar informações ao empregador relativas à sua saúde ou estado de gravidez da trabalhadora (artigo 17.º, n.º 2).

Contudo, reafirmo que face ao disposto nos artigos 383.º e 389.º do CPC, para este tipo de situações o regime vigente apenas reconhece a existência de tutela cautelar, o que significa que a acção principal terá de ser instaurada sob pena de extinção do procedimento cautelar e caducidade da providência cautelar. No entanto, parece-me que o dogma inerente à regra absoluta da instrumentalidade, dependência e provisoriedade da decisão cautelar encontra-se definitivamente em crise e carece de melhor ponderação. A reforma do CPT parece ser o momento oportuno para que se faça esse juízo e tomada de decisão, de forma equilibrada e sensata, na medida em que há que ponderar os prós e os contras das menores garantias inerentes à tutela cautelar, ainda que definitiva, não se podendo cair no erro de "tornar tudo urgente, fazendo com que nada seja urgente".[19]

3.2. *Carácter sumário*

Outra característica comum a assinalar em todos os procedimentos cautelares laborais reporta-se ao carácter sumário, que se traduz na existência duma tramitação célere e simplificada, por vezes, com dispensa de contraditório, alicerçando-se numa indagação sumária (*summaria cognitio*) sobre a possibilidade séria da existência do direito invocado (*fumus boni iuris*), desde que se mostre suficientemente fundado o receio da sua grave lesão e difícil reparação causada pela delonga processual da acção principal (*periculum in mora*).

Estas características, por exemplo, podem significar a supressão de meios de prova, como acontece na suspensão do despedimento individual precedido de processo disciplinar onde as partes apenas podem apresentar prova documental, como expressamente refere o artigo 35.º, n.º 1 do CPT, embora se conceda ao tribunal a possibilidade de oficiosamente determinar a produção de todas as provas que julgue indispensáveis à decisão.

As decisões proferidas, alicerçadas numa indagação sumária, não podem buscar a certeza e a segurança jurídica que caracterizam as decisões das acções principais. Por isso, o legislador elegeu como parâmetro

---

[19] Expressão usada por SOFIA GASPAR, ob., cit., página 114.

valorativo a mera probabilidade/plausibilidade ou verosimilhança da existência do direito ameaçado (o chamado *fumus boni iuris*).

Se o juiz concluir pela positiva, convencendo-se que há fundado receio de lesão grave e difícil reparação para o requerente, decreta o procedimento cautelar (artigos 381.°, n.° 1, 384.°, n.° 1 e 387.°, n.° 1 do CPC).

3.3. *Carácter urgente*

Outra característica intrínseca à finalidade deste tipo de procedimento é a urgência. O carácter urgente manifesta-se nos prazos judiciais que correm em férias e por, no decurso das mesmas, se praticarem todos os actos processuais (artigos 143.°, n.° 2 e 144.°, n.° 1 do CPC).

O carácter urgente verifica-se ao longo de todo o processado, mesmo em sede de recurso, embora os nossos tribunais superiores nem sempre tenham tido entendimento unânime sobre este ponto.[20]

Mas para além disso, o carácter urgente repercute-se no encurtamento dos prazos para decisão. Por exemplo, na suspensão do despedimento individual e na suspensão do despedimento colectivo, o prazo para decisão é de 8 dias, mas se já tiverem decorrido mais de 30 dias a contar da entrada do requerimento inicial, a decisão deve ser ditada de imediato (artigo 36.°, n.° 3 do CPT).

No procedimento cautelar comum estabeleceu-se um prazo máximo de 2 meses ou de 15 dias para a primeira instância decidir, conforme tenha havido ou não lugar ao princípio do contraditório (artigo 382.°, n.° 2 do CPC e 32.°, n.° 1 do CPT).

Mas há ainda outras regras específicas dos procedimentos cautelares laborais que retratam o seu carácter urgente. Por exemplo, no procedimento cautelar comum laboral, após a entrada do requerimento inicial é logo designado dia para julgamento e se houver oposição do requerido, a mesma é apresentada até ao início da audiência (artigo 32.°, n.° 1, alíneas a) e b) do CPT), o que significa que terá de mediar um mínimo de 10 dias entre a data da citação/notificação do requerido e aquela data.

---

[20] Cfr. acórdão da Relação de Coimbra, de 05.02.02, CJ, I, página 30 e ANTÓNIO GONÇALVES ROCHA, "Prontuário de Direito do Trabalho", Actualização n.° 60, CEJ, 2001, página 69.

A dispensa da citação edital, o não adiamento por falta dos requerentes ou dos seus mandatários, são outras duas características que evidenciam o carácter urgente destes procedimentos.

Ele ainda se reflecte noutro particular, que é por demais relevante, e que se reporta à contagem do prazo de 30 dias referido no artigo 389.º, n.º 1, alínea a) do CPC,[21] ou seja, decretada a providência, o requerente dispõe de 30 dias para instaurar a acção principal, sob pena de extinção do procedimento cautelar e caducidade da providência.

Este prazo de caducidade da providência tem dividido a jurisprudência quanto ao modo de contagem e oficiosidade ou não do seu conhecimento.

Este prazo tem natureza substantiva ou adjectiva? Corre de forma contínua? Suspende-se em férias? E se terminar em dia de encerramento dos tribunais, transfere-se para o primeiro dia útil seguinte, nos termos prescritos no artigo 144.º, n.º 1 e 2 do CPC?

É uma polémica antiga, apaziguada em 1994 por via do Assento 8/94, de 2 de Março,[22] que qualificou o prazo como judicial e determinou a não suspensão da sua contagem durante os Sábados, Domingos, feriados e férias. Contudo, a alteração da redacção do artigo 144.º do CPC, dada pelo DL 329-A/95, de 12.12, veio derrogar este Assento ao determinar o modo de contagem das acções previstas no CPC, estabelecendo a regra da continuidade da contagem, com suspensão em período de férias judiciais.

Por outro lado, a jurisprudência tem acentuado que a caducidade não é de conhecimento oficioso, carecendo de ser invocada por aplicação do artigo 332.º, n.º 2 do CC.

E quanto aos procedimentos cautelares laborais?

No CPT/81, o artigo 45.º previa que o pedido de suspensão do despedimento ou a suspensão decretada ficava sem efeito se o trabalhador, no prazo de 30 dias a contar da rescisão, não propusesse acção de impugnação do despedimento ou se esta fosse julgada improcedente.

O n.º 2 deste artigo 45.º estipulava que o tribunal conhecia oficiosamente a caducidade.

---

[21] Caso o requerido não tenha sido ouvido antes do decretamento da providência, este prazo é de 10 dias, contados da notificação ao requerente de que foi efectuada ao requerido a notificação prevista no n.º 6 do artigo 385.º (artigo 389.º, n.º 2 do CPC).

[22] DR, I Série-A, de 03.05.1994.

Por via do acórdão uniformizador de jurisprudência n.º 2/2002,[23] o STJ estabeleceu jurisprudência uniforme com o seguinte alcance: se o termo desse prazo de 30 dias ocorrer em férias judiciais, transfere-se para o 1.º dia útil após as férias por aplicação da regra prevista no artigo 279.º, alínea e) do CC.

O segmento decisório do acórdão só se pronúncia sobre a questão do termo do prazo e não sobre o modo de contagem do mesmo, embora da sua leitura integral resulte claramente que a contagem deste prazo se suspende durante as férias judiciais, dizendo-se ali expressamente que a natureza urgente do procedimento cautelar não "contamina" a acção principal, que a não propositura da mesma não constitui dano irreparável, tanto mais que a hipotética caducidade da providência não determina a caducidade do direito que se pretende fazer valer na acção principal.

Revogado o artigo 45.º do CPT/81, sem ser substituído por preceito correspondente no actual CPT, há que aplicar o artigo 389.º, n.º 1, alínea a) do mesmo preceito do CPC, o que significa que o prazo de 30 dias corre continuamente, suspende-se em férias judiciais, não sendo de conhecimento oficioso.

Há contudo que fazer uma chamada de atenção para o seguinte: esta regra aplica-se sempre que a acção principal não tenha carácter urgente. Por exemplo, aplica-se à impugnação do despedimento individual. Mas se o trabalhdor despedido, requerente do procedimento cautelar, for um representante sindical ou for membro da comissão de trabalhadores ou se a suspensão se reportar a um despedimento colectivo, por as acções de impugnação destes despedimentos terem natureza urgente, conforme resulta dos artigos 26.º. n.º 1 do CPT e 456.º, n.º 4 do CT, então a contagem do prazo é contínua, sem suspensão durante as férias judiciais e sem transferência do seu termo para o primeiro dia útil, caso o mesmo termine em dia de encerramento dos tribunais, aplicando-se a parte final do n.º 1 do artigo 144.º do CPC, na sua actual redacção.

Não sendo decretada a providência, a lei não impõe um prazo para se intentar a acção principal, uma vez que também não faz muito sentido falar de caducidade duma providência não decretada. Mas pode ter sido interposto recurso da decisão e se a decisão for revogada, decretando-se a providência, começará, então, a correr o prazo dos 30 ou dos 10 dias.

---

[23] DR I Série-A, de 26.11.2002.

Em termos de suspensão do despedimento individual ou colectivo é preciso levar em conta que o artigo 435.º, n.º 2 do CT impõe prazos para a impugnação do despedimento. Um ano e seis meses, respectivamente, da data do despedimento e da data da cessação do contrato. Assim, se a providência não for decretada, mesmo que haja recurso, há que tomar em conta que estes prazos correm autonomamente em relação ao prazo dos 30 e 10 dias supra mencionado.

3.4. *Princípio do dispositivo e do pedido*

Aos procedimentos cautelares laborais aplicam-se os princípios estruturantes do processo civil e do processo laboral. Desde logo, o princípio do dispositivo e do pedido: o tribunal não pode oficiosamente iniciar um procedimento cautelar, nem decretar uma providência cautelar sem pedido. Esta é a regra.

Porém, o artigo 392.º, n.º 3 do CPC estabelece uma excepção ao permitir o decretamento duma providência diferente da concretamente solicitada ao tribunal, aplicando-se ao procedimento cautelar comum e aos procedimentos cautelares especificados. Trata-se duma "derrogação do princípio do dispositivo, na vertente relativa à conformação da instância",[24] permitindo-se que o juiz oficiosamente adapte a medida a decretar ao objecto da lide principal, optando por aquela que melhor se lhe adequa, embora se entenda que deve respeitar a matéria de facto alegada e provada.

Esta adequação material pode determinar uma alteração da forma do procedimento e a necessidade de adequar formalmente os actos processuais à nova forma processual.

Esta norma concede maleabilidade à rigidez do princípio previsto no artigo 661.º, n.º 1 do CPC. Em termos laborais, o artigo 74.º do CPT já permitia uma condenação em quantidade superior ou em objecto diverso, o que vai ao encontro do sentido da norma prescrita no artigo 392.º, n.º 3 do CPC. Mas a regra, mesmo assim, não deixa de ter utilidade em relação a todos os direitos carecidos de tutela que não se enquadrem na previsão do artigo 74.º do CPT, ou seja, quando o direito subjectivo subjacente à pretensão cautelar seja derrogável ou renunciável.

---

[24] LEBRE DE FREITAS et al., ob., cit., página 67.

A sua aplicabilidade em sede cautelar laboral estará potenciada no procedimento cautelar comum, uma vez que as providências solicitadas não estão taxativamente previstas na lei e, nessa medida, serão aquelas que melhor se adaptem à situação concreta. Mas também no procedimento cautelar de protecção da segurança, higiene e saúde no trabalho (artigos 44.º a 46.º do CPT), considerando a plêiade de medidas susceptíveis de serem aplicadas. Aliás, neste caso, o próprio legislador refere que o juiz ordena as "providências adequadas" a evitar ou a eliminar o perigo invocado (artigo 45.º, n.º 2 do CPT).

3.5. Contraditório mitigado

O princípio do contraditório também segue um regime muito mitigado. No procedimento cautelar comum a audição do requerido só terá lugar se a audiência não puser em risco o fim ou a eficácia da providência solicitada (artigo 385.º, n.º 1 do CPC e 32.º do CPT).

No procedimento cautelar relativo à segurança, higiene e saúde no trabalho, em regra, será respeitado o cumprimento do contraditório, a não ser que a eficácia ou utilidade da medida não sejam compagináveis com a demora daí decorrente. Este princípio aplica-se, igualmente, ao arrolamento (artigos 47.º do CPT e 385.º, n.º 1 do CPC). Já em relação ao arresto, dispensa-se a audiência prévia do requerido (artigos 47.º do CPT e 408.º, n.º 1 do CPT).

No que concerne às suspensões do despedimento individual ou colectivo, a opção legislativa foi no sentido da manutenção do princípio do contraditório, embora na suspensão do despedimento individual só ganhe plena aplicação se o despedimento não tiver sido precedido de processo disciplinar (artigos 34.º, n.º 2 e 41.º, n.º 1 do CPT).

4. As situações mais frequentes de tutela cautelar laboral e ajustamentos face ao Código do Trabalho

Os procedimentos cautelares mais usados nos tribunais do trabalho são as suspensões dos despedimentos individuais (comparativamente, as suspensões dos dos despedimentos colectivos têm pouca expressão) e, após a revogação do n.º 3 do artigo 403.º do CPC (restrições ao arresto contra comerciantes), o arresto.

Esta constatação revela sintomaticamente o tipo de litígios com maior frequência os tribunais do trabalho são chamados a decidir: despedimentos e incumprimento contratual quanto a prestações de carácter pecuniário.

Revela, igualmente, que o procedimento especificado sobre protecção da segurança, higiene e saúde no trabalho não tem tido qualquer expressão e, tanto é assim, que a jurisprudência não noticia qualquer accionamento judicial desta forma de tutela antecipatória.

Já o mesmo não acontece em relação a situações em que se discute a natureza do contrato e a validade da sua cessação. Actualmente, após o acórdão de fixação de jurisprudência n.º 1/2003, de 01.10.2003,[25] é inequívoco que o procedimento cautelar aplicável não é a suspensão do despedimento, mas o procedimento cautelar comum laboral ou os procedimentos cautelares especificados previstos no CPC, passíveis de aplicação em sede laboral.

O procedimento cautelar comum, dado o seu carácter residual, tem uma enorme potencialidade de aplicação às situações laborais, basta pensar nas várias alíneas dos artigos 120.º a 122.º do CT que traçam um fino recorte dos direitos e deveres emergentes da relação laboral para o trabalhador e para o empregador. Se os analisarmos, qualquer violação dos direitos do trabalhador ali referenciados pode gerar uma acção e, consequentemente, a necessidade duma medida cautelar, o que aliás, já sucedia ao abrigo da legislação anteriormente vigente.

A doutrina vem vindo a referenciar algumas situações susceptíveis de serem objecto da tutela cautelar comum relacionadas com as alterações das coordenadas temporais da prestação do trabalho (tempo e lugar), violações do período de descanso, violação das normas sobre prazos e gozo de períodos de férias, privações de retribuição, violação do dever de ocupação efectiva, aplicação de sanções abusivas e/ou proibidas por lei, violação dos direitos de personalidade, etc.[26]

O CPC consagra, assim, formas de tutela cautelar suficientemente abrangentes para tutelar variadíssimas situações jurídico-laborais. Tendo o Código do Trabalho introduzido significativas alterações no direito subs-

---

[25] DR I Série-A, de 12.11.2003.
[26] Conferir ANTÓNIO GERALDES, "Temas da Reforma do Processo Civil", IV Volume, 6. Procedimento Cautelares Especificados Almedina, 2001, página 3319-321 e PAULO SOUSA PINHEIRO, "O procedimento cautelar comum no direito processual do trabalho", Almedina, 2004, páginas 129 e seguintes.

tantivo laboral, haverá alguns ajustamentos a fazer a nível processual que justifiquem alterações legislativas ao CPT nesta matéria?

Diria, grosso modo, que não muito, embora se imponha fazer algumas chamadas de atenção.

Por exemplo, a explicita contemplação dos direitos de personalidade poderá contribuir para evidenciar situações de violação e potenciar a instauração do respectivo procedimento cautelar. O mesmo se pode dizer em relação às normas sobre igualdade e não discriminação.

Também a inclusão das normas referentes à protecção no despedimento de trabalhadoras protegidas (grávidas, puérperas ou lactantes) previstas nos artigos 51.º e seguintes do CT e artigos 61.º e seguintes da Lei n.º 35/2004, de 29.07 (RCT), deram visibilidade às consequências da não solicitação do parecer prévio da entidade com competência na área da igualdade de oportunidades entre homens e mulheres e, consequentemente, à possibilidade desses despedimentos serem suspensos através dum procedimento cautelar.

A expressa menção ao dever de ocupação efectiva consignado na alínea b) do n.º 1 do artigo 122.º também teve a vantagem de arredar da discussão se tal dever existe ou não e, nesse sentido, facilita a instauração do procedimento cautelar comum e a sua decisão.

Em relação às providências cautelares antecipatórias, nomeadamente as relativas às violações dos direitos de personalidade e da igualdade e não discriminação, bem como em relação a situações enquadráveis no actual procedimento para protecção da segurança, higiene e saúde no trabalho, o que deverá ser equacionado é se os mecanismos tutelares existentes não deverão possibilitar, mediante a exigência de requisitos específicos, a antecipação das decisões definitivas, por um mecanismo semelhante ao previsto no Direito Administrativo e no regime processual civil experimental, nos termos referenciados no supra ponto 3.1.

Também carecem de melhor ponderação algumas questões relacionadas com a suspensão do despedimento. Por exemplo, manteve-se o prazo de cinco dias úteis para o trabalhdor intentar o respectivo procedimento cautelar (artigo 434.º do CT). Este prazo aplica-se ao despedimento individual por facto imputável ao trabalhador, ao despedimento colectivo e aos despedimentos por extinção do posto de trabalho e por inadaptação (artigos 430.º a 433.º do CT), independentemente da complexidade do caso concreto. Já era o prazo previsto na LCCT (no domínio da vigência do DL 372-A/75, de 16.06, era de três dias).

Trata-se dum prazo demasiado curto. Muitas vezes quando o trabalhador acede aos serviços do Ministério Público nos tribunais do trabalho invocando que foi despedido sem justa causa ou sem precedência de processo disciplinar, o prazo encontra-se esgotado.

É certo que há razões para a curta duração deste prazo, mas também é verdade que sendo um prazo de caducidade para instauração dum procedimento urgente, consequentemente correndo continuamente e em férias, na esmagadora maioria das situações não permite a efectividade da tutela antecipatória.

De facto, os trabalhadores mais desfavorecidos ou menos bem informados não conseguem, em regra, aceder, em tempo útil, aos serviços do Ministério Público. E quando conseguem, o Magistrado do Ministério Público precisa dum prazo minimamente razoável para instaurar o procedimento cautelar.[27]

Por outro lado, o Código do Trabalho veio lançar uma polémica inexistente à luz da anterior legislação relacionada com as suspensões do despedimento por extinção de posto de trabalho e por inadaptação. Deverá ser aplicado o procedimento cautelar de suspensão do despedimento colectivo ou o procedimento cautelar comum? A dúvida interpretativa reside no artigo 434.º do CT que permite a suspensão preventiva do despedimento, sem distinguir as várias modalidades desde despedimento, aparentemente em similitude com regime procedimental que o mesmo diploma estabelece para a cessação por extinção do posto de trabalho, por inadaptação e por despedimento colectivo (artigos 397.º a 410.º, 419.º a 428.º, 429.º, alínea c), e 431.º a 434.º do CT).

Porém, o referido artigo 434.º não é tão claro quanto o era o artigo 33.º, n.º 2 do Decreto-Lei n.º 64-A/89, de 27.09 (LCCT) e artigo 9.º, n.º 2 do Decreto-Lei n.º 100/91, de 16.10, que prescreviam expressa e respectivamente, que à cessação do contrato por extinção do posto de trabalho e por inadaptação era aplicada a *"providência cautelar de suspensão do contrato regulada nos termos previstos no Código de Processo de Trabalho para o despedimento com justa causa, com as devidas adaptações"*.

A jurisprudência já se pronunciou em ambos os sentidos, sem consenso. Uns defendem a aplicabilidade do procedimento cautelar de

---

[27] Neste sentido veja-se PAULO DUARTE SANTOS, "O Ministério Público e os procedimentos cautelares no foro laboral", in Prontuário de Direito do Trabalho, n.º 71, página 151-152.

suspensão de despedimento colectivo invocando a referida similitude normativa no tratamento das formas de cessação da relação laboral e por o procedimento cautelar especificado formalmente melhor se adequar ao fim visado;[28] outros entendem que deve ser accionado o procedimento cautelar comum, reservando-se a suspensão do despedimento para as situações de despedimento sanção (individual) e para o despedimento colectivo.[29]

Embora ambas as formas de tutela cautelar (especificada ou comum) potenciem a defesa dos direitos dos trabalhadores abrangidos pela cessação do contrato por extinção do posto de trabalho e por inadaptação, a verdade é que os requisitos dos procedimentos cautelares em causa não são os mesmos, carecendo a questão de melhor esclarecimento, que poderá ocorrer em sede de revisão do CPT.

Finalmente, uma última observação quanto à magna questão da reabertura do procedimento disciplinar até ao prazo da contestação para sanação das invalidades previstas no n.º 2 do artigo 430.º do CT (artigo 436.º, n.º 2). O legislador concentrou-se na acção de impugnação de despedimento e esqueceu-se do procedimento cautelar suspensivo do despedimento.

Não se percebe porque não se aproveitou este procedimento para testar a viabilidade da invocação da nulidade e, caso a suspensão fosse decretada com base na mesma, de imediato permitir a reabertura do procedimento disciplinar.

Não estando tal possibilidade prevista, significa que a suspensão pode ser decretada, muito provavelmente antes da fase da contestação da acção de impugnação (caso esta já esteja instaurada). Mesmo que haja recurso, o efeito suspensivo depende da prestação de caução no valor de seis meses de vencimento, para afinal de contar tudo poder resultar numa inutilidade superveniente da lide (pelo menos do procedimento cautelar), caso a entidade empregadora decida sanar a nulidade com base na qual foi decretada a suspensão do despedimento.

Aqui impõe-se uma compatibilização entre o CPT e o CT de modo a contemplar este procedimento cautelar e, provavelmente, o ajustamento da sua tramitação processual.

---

[28] Acórdão da Relação de Lisboa, de 12.07.2006, processo n.º 4562/06-4, versão integral disponível em www.dgsi.pt.

[29] Acórdãos da Relação de Lisboa, de 22.11.2006, processo n.º 4185/06, de 29.03.06, processo n.º 192/06-4 (versão integral disponível em www.dgsi.pt) e de 13.09.2006, processo n.º 10861/05-4.

A FASE CONCILIATÓRIA DO PROCESSO ESPECIAL EMERGENTE DE 16.03.2006 AUDITÓRIO DA FAC. DIREITO UNIV. LISBOA

Vítor Melo
Procurador-Adjunto,
Docente do Centro de Estudos Judiciários

FUNÇÃO, NATUREZA E DIRECÇÃO DESTA FASE – princípios gerais orientadores do processo de trabalho (valorização da conciliação, natureza dos interesses e valores tutelados) o papel primordial desempenhado pelo Ministério Público.

Estamos, nesta área, inseridos num campo relativo à área do direito laboral – a dos acidentes de trabalho – em que, compreensivelmente, sobressai e se destaca a particular preocupação de tutela dos interesses de ordem social e pública que aqui estão em jogo. Sem sombra de dúvida que aqui se perfilam e impõem, de modo especial, as necessidades de acautelar as lesões da integridade física ou da vida do sinistrado – enquanto indivíduo económica e produtivamente activo – por forma a reparar, minimizar ou, pelo menos, compensar a afectação respectiva da capacidade de rendimento.

Como corolário desta forma singular, mais que justificada, de encarar o fenómeno jurídico da tutela da sinistralidade é fácil encontrar ao longo de todo o regime (substantivo e adjectivo) reparatório expressões de tal preocupação: **a natureza indisponível dos direitos que a lei confere aos sinistrados** – artigos 34.º e 35.º da Lei 100/97, de 13.09 (LAT) e 302.º do Código do Trabalho (CT) – ex. nulidade das convenções que contrariem os direitos e garantias previstos na lei; inalienabilidade, impenhorabilidade e irrenunciabilidade dos créditos provenientes das prestações decorrentes de acidente de trabalho); **a participação obrigatória dos acidentes a tribunal** (como adiante se fará menção); **a actualização obrigatória de certas pensões** (artigos 39.° n.° 2 da LAT – e 6.° a 8.° do Dec. Lei 142/99, de 30.04 e 305.° n.° 2 do CT – pensões com Incapacidade Permanente Parcial (IPP) igual ou superior a 30%) ficando a cargo de uma entidade pública, o Fundo de Acidentes de Trabalho (FAT), a responsabilidade de tal encargo; e, por fim, com toda a lógica, **a natureza urgente e oficiosa do processo especial de acidentes de trabalho – art. 26.° n.° 2 do Código de Processo do Trabalho (CPT)** – o que constitui, por um lado, um importante desvio à regra da continuidade dos prazos processuais – não se suspende durante as férias judiciais – art. 144.° n.° 1 in fine do Código de Processo Civil (CPC) – e, por outro lado, igual e importante desvio à regra do dispositivo e da iniciativa processual das partes para o andamento regular da causa (art. 265.° n.° 1 do CPC).

Como igualmente não é de surpreender, dentro deste encadeamento lógico de tutela, que seja conferido ao processo de trabalho em geral, e ao processo especial de acidentes de trabalho em particular uma tónica especial de maior pragmatismo (em prejuízo do dogmatismo processual) – julgamento no caso do art. 116.° CPT – menor solenidade – ligada à protecção e à celeridade que se visa almejar – de que são exemplos práticos v.g. – o encurtamento do prazo para contestar, 15 dias, – art. 128.° CPT; a simplificação do número de articulados (p.i. e contestação) – 129.°/ /130.° CPT –; uma total abertura na admissão do recurso das decisões tomadas nestes processos – art. 79.° b) CPT; e, sem dúvida, **a valorização da conciliação**. Se no processo comum declarativo laboral essa situação já se encontra plasmada em várias disposições (art. 51.° n.° 2 CPT –; a realização da audiência de partes – art. 55.° 2 CPT) no processo especial de acidentes de trabalho o legislador elegeu com tal finalidade uma das fases do processo – a fase inicial – que designou, naturalmente, de conciliatória e a qual culmina com a realização da tentativa de conciliação a que aludem os arts. 108.° e segs do CPT.

Tendo em conta as funções constitucionalmente atribuídas ao Ministério Público e definidas no seu Estatuto – art. 219.° n.° 1 da Constituição da República Portuguesa e 3.° da Lei 60/98, de 27.08 – de defesa da legalidade e da justiça – o legislador investiu-o do relevante papel de dirigir esta fase conciliatória – art. 99.º n.º 1 do CPT –, não estando aqui a exercer qualquer patrocínio (que apenas se materializa, na falta de acordo, no início da fase contenciosa – art. 119.º CPT). Tal conclusão emerge claramente dos deveres de instrução do processo que lhe são processualmente atribuídos tendo em vista o especial desiderato de alcançar a descoberta da verdade – art. 104.º n.º 1 CPT – e da presidência da tentativa de conciliação obrigatória – art. 108.º e 109.º CPT – em que o magistrado do MP se encontra num plano de não envolvimento com qualquer das partes interessadas e visa apenas, de acordo com os elementos constantes dos autos, proceder por forma a que seja conseguida uma composição amigável dos interesses que ali se manifestem e, ainda, ilustra bem tal papel a emissão de parecer nos casos de junção de acordo extrajudicial (114.º CPT).

Trata-se de uma função específica em que o Ministério Público, não representando quem quer que seja, nem agindo como "parte" ou, muito menos, na sua função fiscalizadora, intervém na veste de verdadeiro órgão de justiça auxiliar (*como era salientado a esse propósito por* VÍTOR RIBEIRO *na Revista do Ministério Público, n.º 39, pág. 125*).

A introdução em juízo através da participação

Tal como dispõe o artigo 99.º do CPT, a fase conciliatória corresponde à fase inicial do processo e tem por base **a participação** do acidente a qual, de acordo com o estabelecido no art. 26.º n.º 3 do mesmo diploma, irá dar início à instância. Daqui se extrai um dado importante relativamente à verdadeira natureza jurisdicional desta fase conciliatória inicial do processo, a qual, efectivamente, está longe de se poder configurar como meramente administrativa uma vez que estamos perante um verdadeiro processo judicial (e não qualquer processo ou expediente interno do Ministério Público).

É, nessa medida, a este momento que v.g. se reporta o efeito da caducidade do direito de acção previsto no n.º 1 do art. 308.º CT e 32.º da LAT – vd. v.g. Ac. STJ de 21.04.1999, Revista n.º 394/98 – 4.ª Secção), razão pela qual, de igual modo, sem esforço se conclui e vem sendo jurisprudencialmente entendido dever "*(...) a acção considerar-se proposta com o recebimento em juízo da participação do acidente (...)*" – cfr. v.g. Ac. Rel. Coimbra de 07.05.1992 in BMJ, 417-826.

A intervenção do Ministério Público começa a desenhar-se logo nesta fase através da participação veiculada pelas pessoas e entidades referidas nos arts. 16.° a 19.° do Dec. Lei 143/99, de 30.04 (RLAT): *entidades responsáveis, sinistrado e seus familiares, entidades com direito a receberem prestações, autoridades, directores de estabelecimentos hospitalares, prisionais e assistenciais.* Apesar da epígrafe sugestiva desta norma do art. 19.° que consagra as designadas participações facultativas, deve salientar-se que nos casos das alíneas d) e e) se trata, a nosso ver, mais propriamente de um "poder/dever" do que de uma simples faculdade como se infere da natureza contra-ordenacional com que o legislador valorou e sancionou a sua omissão – vide art. 67.° n.° 2 RLAT.

Após recebida, a participação é apresentada obrigatoriamente ao MP – art. 22.° CPT. Trata-se de salvaguardar a tutela de casos de manifesta urgência que não se compadecem com as delongas da distribuição. Nestas situações o magistrado do MP deve ordenar, sendo caso disso, todas as diligências que se revelem úteis e necessárias ao apoio imediato ao sinistrado *in casu* – v.g. realização de exames médicos, internamento. No caso de participação directamente recebida pelo Ministério Público não há, naturalmente, necessidade de apresentação uma vez que o magistrado toma imediato contacto presencial com a participação.

Após classificação na espécie 2.ª – "*Processos emergentes de acidente de trabalho*" – e distribuição pelo juízo e secção e em que o processo irá correr termos (onde são autuados, numerados e registados) os autos são remetidos aos serviços do MP no tribunal em causa onde, igualmente, após serem objecto de registo em livro próprio, ficarão a correr termos durante a fase conciliatória que, como vimos, é dirigida pelo MP, sendo as diligências processuais e expediente desta fase assegurados pelos funcionários respectivos.

Dá-se, então, início à instrução do processo no âmbito da qual cabe ao magistrado do MP encetar uma análise minuciosa das participações remetidas ao tribunal:

a) ***pela entidade patronal*** que não tenha transferido a responsabilidade através do seguro obrigatório a que alude o art. 37.° da (LAT) e art. 303.° do CT – art. 16.° RLAT;
b) ***pela entidade seguradora*** a quem tenha sido transferida a responsabilidade através do supra referido seguro obrigatório – art. 18.° RLAT;

c) **pelos estabelecimentos hospitalares, assistenciais e prisionais** ou da pessoa ou entidade que tiver ao seu cuidado o sinistrado – art. 20.º RLAT;
d) *pela autoridade marítima* nos casos de trabalho a bordo – art. 17.º/3 RLAT.

Trata-se de um primeiro estudo pelo magistrado do MP de verificação da conformidade legal da participação no que tange aos mais diversificados aspectos:

- *tempestividade* – 8 dias a contar da data do acidente ou do seu conhecimento, a contar da Incapacidade Temporária (IT) superior a 12 meses ou da alta; imediata *(telecópia, e-mail etc.)* nos casos de morte;
- *observância de forma (*por escrito – de acordo com o modelo legal – art. 63.º RLAT e Portaria 137/94, de 08.03 –, em duplicado e acompanhada de boletim de exame médico, se o houver – art. 21.º RLAT – e da documentação do art. 99.º n.º 2 CPT).

Nessa sequência, o papel directivo do MP consubstanciar-se-á numa pluralidade de actuações, as mais diversificadas consoante as circunstâncias do caso:

1. – Nos casos de participação tardia, ordenará a extracção e remessa de certidão a remeter à entidade administrativa competente – Inspecção Geral do Trabalho ou Instituto de Seguros de Portugal – para o processamento e aplicação da coima respectiva, tendo em conta a sanção de natureza contra-ordenacional prevista no art. 67.º n.º 2 do RLAT – art. 69.º deste diploma;

2. – No caso de terem sido efectuadas várias participações (obrigatórias e facultativas) do mesmo acidente, deverá equacionar as várias possibilidades a que, como efeito potencial, elas podem dar lugar (dar efectivamente início à instância – no caso da primeira a chegar a juízo –, ser incorporada em instância já iniciada (no mesmo tribunal/juízo) ou dar origem a litispendência – art. 499.º/2CPC) – sendo, neste último caso, de toda a utilidade a extracção e remessa ao primeiro processo de todos os elementos dos autos que se revistam de evidente importância para a instrução (participações, exames médicos juntos ou já realizados, os mais variados documentos).

3. – No caso de falta de elementos de que a participação devia vir acompanhada, será imprescindível para a instrução do processo ordenar a junção dos documentos em falta.

Desde logo, a apólice de seguro e adicionais em vigor. Torna-se, efectivamente, indispensável analisar devidamente a apólice de seguro de acidentes de trabalho vigente à data do acidente – inerente à decorrência de o nosso sistema de reparação assentar, ainda, como já se salientou, na responsabilização privada do empregador ou beneficiário da actividade e na subsequente obrigação legal de transferência de responsabilidade decorrente de acidentes de trabalho para empresas de seguro (art. 37.º n.º 1 da LAT //art. 303.º CT) – por forma a aquilatar, quer a validade e modalidade de seguro acordada, quer se a transferência de responsabilidade engloba a real retribuição auferida pelo sinistrado, quer, ainda, se foram acordadas cláusulas especiais mais favoráveis em termos de reparação;

Outro elemento fundamental é as designadas folhas de salários. Evidencia-se de importância decisiva a sua apreciação no que respeita aos seguros na modalidade de prémio variável (em que o âmbito de responsabilização da seguradora é delimitado pelo montante da retribuição constante da última folha de vencimentos remetida obrigatoriamente e com periodicidade mensal pela entidade empregadora – vide cláusulas 4.ª-b) e 16.ª n.º 1 – c) da Apólice Uniforme de seguro de acidentes de trabalho para trabalhadores por conta de outrem – REGULAMENTO DO ISP N.º 27/99, de 08.11.99, DR, II de 30.11.1999);

Não pode, ainda, deixar de se mencionar nesta sede a junção aos autos da nota discriminativa e da documentação das indemnizações pagas por incapacidade temporária. Por um lado, a sua análise revela-se fundamental no controle sequencial dos períodos de incapacidade atribuídos pelo médico assistente – não raro sucede aparecerem inexplicavelmente (porque não ocorreu qualquer cura clínica) períodos sem que seja atribuída qualquer incapacidade temporária, o que carecerá de ser corrigido com intervenção do perito médico do tribunal – por outro lado, é o único elemento revelador do estrito cumprimento pela entidade responsável do pagamento dos montantes que a tal título, legal e imperativamente, são devidos;

Por fim salientaríamos, ainda, o controle da remessa dos elementos clínicos disponíveis. Eles figurarão como suporte essencial de apoio no exame médico a realizar posteriormente pelo perito médico do tribunal e, com muita frequência, são determinantes quanto à necessidade, ou não, de realização de pareceres ou exames de especialidade complementares – art. 105.° n.° 3 CPT.

Diligências instrutórias subsequentes

Estando-lhe acometida legalmente, como se salientou atrás, a direcção desta fase conciliatória caberá ao magistrado do MP a determinação das mais variadas diligências tendentes à recolha de elementos que conduzam ao apuramento de todas as circunstâncias em que se verificou o acidente participado de forma a verificar se, e em que medida, o mesmo merece a tutela legal reparatória.

Assim,
Nos casos de morte, prevê-se a determinação da realização de autópsia ou a junção aos autos do respectivo relatório (art. 100.° CPT) e a designação das diligências indispensáveis à determinação dos beneficiários legais (art. 100.° CPT e 20.° LAT) – as quais consubstanciam todo um conjunto de diligências em que, directamente (v.g. através de tomada de declarações) ou com a estrita colaboração de entidades policiais e (ou) administrativas o magistrado do Ministério Público indaga sobre a existência, determinação e elementos de identificação das pessoas que, em abstracto, reúnem as condições legalmente exigidas para atribuição da qualidade de beneficiários legais nos termos da LAT. Deverão, ainda, ser requisitados todos os documentos indispensáveis à comprovação da qualidade de beneficiário legal, designadamente os comprovativos da relação de parentesco, da frequência escolar, ou da contribuição económica legalmente exigidas para cada caso (v.g. certidões de assento de nascimento, de casamento, da sentença judicial de fixação de alimentos, certificados de matrícula).

Determinar a realização de inquérito pela IGT (facultativa, mas relevantíssima) – art. 104.° n.° 2 CPT: trata-se das situações em que o acidente, atenta a gravidade atinente à sua causa, à falta de tratamento do sinistrado, ou às suas consequências, justifica um maior aprofundamento de investigação das circunstâncias que o envolveram, designadamente por forma a apurar outro tipo de responsabilidades (de natureza contra--ordenacional ou criminal) ou, mesmo no estrito campo de responsabilização pelo sinistro laboral, alterar de forma substancial o seu *modus* e *quantum* – art. 18.º n.º 1 e n.º 2, 37.º n.º 2 da LAT //art. 295.º do Código do Trabalho – ou levar mesmo à descaracterização do acidente nos termos do art. 7.º da LAT.

Determinar a realização de exame médico – trata-se da previsão do n.º 1 do artigo 101.º do CPT *(alta com incapacidade permanente)*, mas também o artigo 102.º deste diploma prevê a determinação de tal exame médico noutras situações em que se verifica algum sobressalto no processamento linear da situação do sinistrado *(sinistrado não curado e sem tratamento adequado, ou que não esteja a receber indemnizações por IT; casos de IT de mais de 12 meses)*.

Neste campo, será importante salientar o que, por um lado, o artigo 102.º do CPT estipula quanto à realização de tal exame (carácter secreto e presidido por um magistrado do MP, quando feito no tribunal – nos casos do 105.º n.º 2 deveria, de preferência, ser requisitado aos IML ou GML, e realizado por perito singular) e, por outro lado, o que veio a ser normativamente imposto pelo REGIME JURÍDICO DAS PERÍCIAS MÉDICO--LEGAIS E FORENSES, Lei n.º 45/2004, de 19 de Agosto, que no seu art. 2.º estabelece o comando de que, salvo casos excepcionais de manifesta impossibilidade dos serviços, a perícia seja realizada obrigatoriamente nas instalações das delegações e dos gabinetes médico-legais do Instituto Nacional de Medicina Legal.

Estamos aqui situados na zona nuclear da avaliação da incapacidade do sinistrado de acordo com a Tabela Nacional de Incapacidades (TNI) aprovada pelo Dec. Lei 341/93, de 30.09 – cfr. art. 10.º do RLAT –, sendo que, para o efeito, deve, se necessário, ser pedida a realização de exames ou pareceres de especialidade – art. 105.º n.º 3 CPT.

O exame médico, nos casos mortais, está também previsto nos mesmos moldes aos beneficiários legais – art. 107.º CPT (casos do art. 20.º da LAT).

A nosso ver, o magistrado do Ministério Público tem um papel contributivo decisivo na realização do exame médico, desde o controle da aplicação e observação das instruções gerais e específicas da TNI, passando pela sua intervenção na ponderação de situações pontuais de reconhecido relevo, tais como a da atribuição de Incapacidade Permanente Absoluta para o Trabalho Habitual – IPTH – nos termos e para os efeitos do art. 17.º1-b) LAT, ou a da especial situação prevista no art. 42.º RLAT (conversão da Incapacidade Temporária superior a 12 meses em Incapacidade Permanente), tarefa essa dificilmente compaginável com a realização do exame fora das instalações do tribunal.

A tentativa de conciliação presidida pelo magistrado do MP

É um acto processual essencial designado pelo magistrado do Ministério Público (art. 101 CPT) e visa o acordo final global (109.° CPT) ou provisório (110.° CPT – ex. casos do 102.° n.° 1). A ela deverão comparecer, conforme os casos, sinistrado, beneficiários legais, entidades responsáveis (seguradoras, entidades patronais, FAT – art. 108.° e 100.° n.° 6 CPT).

Exige da parte de tal magistrado a condução de todos os actos inerentes à sua efectiva realização, designadamente passando pelo controlo processual das situações de:

1. <u>Adiamento.</u> Situações de falta de comparência (prevendo-se a sanção do art. 136.° CPT no caso de não justificação da falta e, na situação prevista no art. 65.° n.° 3 do RLAT, o dever de a parte se fazer representar na próxima vez por mandatário judicial); necessidade de intervenção de responsável só agora detectada (casos v.g. de repartição de responsabilidade por não transferência da responsabilidade pela totalidade do salário – 37.° 3 LAT e 303.° CT); requerimento dos interessados justificado por circunstância legalmente atendível (v.g. observância de prazo para exame de qualquer documento entretanto junto).

2. <u>Dispensa.</u> Caso de junção de acordo extrajudicial (arts. 100.° n.° 3 e 101.° n.° 2 CPT) em que, nos termos do art. 114.° n.° 2, haverá lugar a emissão de parecer por parte do MP sobre a sua conformidade com o exame médico, restantes elementos dos autos e as normas aplicáveis; caso de falta da entidade responsável pela 2.ª vez consecutiva ou de se desconhecer o seu paradeiro (art. 108.° n.° 5 CPT – presunção que inverte o ónus da prova); caso do art. 116.° CPT (recusa pura e simples – i.e. sem qualquer justificação – do sinistrado ou beneficiário em aceitar o acordo, o que determina a prolação de decisão de mérito).

Na tentativa de conciliação o magistrado do MP tem, a final, um papel fundamental no campo da plena observância da imperatividade que se manifesta em todo o regime legal da tutela reparatória dos acidentes de trabalho, propondo o acordo nos termos do disposto do art. 109.° do CPT e, seguidamente, submetendo-o a homologação pelo juiz (art. 114.° CPT –

deprecada se a tentativa foi deprecada – art. 114.º n.º 3), acordo esse que produz efeitos desde a data da sua realização – art. 115.º CPT.

A frustração da conciliação e o processamento subsequente até ao início da fase contenciosa

Na falta de acordo o MP, como já se aludiu, deverá assumir – salvo caso de recusa nos termos do art. 8.º do C.P.T. – o patrocínio do sinistrado ou dos beneficiários legais, apresentando a petição inicial ou o requerimento de junta médica, conforme a discordância na fase conciliatória tenha ido, ou não, além da incapacidade – arts. 117.º e 119.º 1 CPT. Trata-se já de uma intervenção do MP numa veste de patrocínio judiciário, ao invés do que até aqui vinha sucedendo. Tem, para esse efeito, um prazo de 20 dias, prorrogável por igual período nos casos em que haja insuficiência de elementos para elaborar a petição inicial – art. 119.º n.º 2 CPT (v.g. falta de um ou outro documento – recibos, certidões de matrícula, indicação de testemunhas). Se a discordância for ampla (incapacidade e outro qualquer elemento – ex. retribuição) existe, naturalmente, toda a necessidade de requerer a junta médica na petição inicial – art. 138.º n.º 1 CPT;

De notar que a não apresentação do requerimento de junta médica ou da petição inicial determinará, respectivamente, a prolação de sentença a fixar a incapacidade – art. 138.º n.º 2 in fine CPT –, ou decisão ordenando a suspensão da instância – art. 119.º n.º 4 CPT. Tendo em conta que, nos termos do art. 26.º n.º 2 do CPT, o processo corre oficiosamente não estando, desse modo, o seu andamento dependente do impulso processual das partes, também a falta de iniciativa processual destas não tem o condão de influenciar definitivamente o seu desfecho a nível da interrupção e deserção da instância (285.º e 291.º CPC). Nesse sentido, cfr. v.g. Ac. Rel. Lisboa de 14.12.2004, CJ, V, 161.

Esperamos, com este contributo, ter evidenciado, ainda que de forma breve, mas com a necessária relevância, o núcleo fundamental dos recursos propiciados pelo processo especial emergente de acidente de trabalho, os quais constituem, como se vê, desde que bem aproveitados, um instrumento extremamente válido ao alcance do magistrado do MP para atingir o desiderato ideal da tutela plena dos interesses de ordem pública e social que se visam acautelar em todo o fenómeno reparatório laboral.

O PROCESSO COMUM PARA A DECLARAÇÃO DE ILICITUDE DO DESPEDIMENTO

FAUSTO LEITE
Advogado

1 – O n.º 1 do art. 435.º do Código do Trabalho (CT), tal como o n.º 2 do art. 12.º do revogado Regime Jurídico da Cessação do Contrato Individual de Trabalho, anexo ao Decreto-Lei n.º 64-A/89, de 27/2 (LCCT), preceitua que "**a ilicitude do despedimento só pode ser declarada por tribunal judicial em acção intentada pelo trabalhador**".

Segundo o art. 429.º do CT, o despedimento é ilícito (a) "**se não tiver sido precedido do respectivo procedimento**", (b) "**se se fundar em motivos políticos, ideológicos, étnicos ou religiosos**" ou (c) "**se forem declaradas improcedentes os motivos justificativos invocados para o despedimento**".

O despedimento por facto imputável ao trabalhador é ainda ilícito nos casos de prescrição da infracção disciplinar (um ano ou 60 dias para o início do procedimento – art. 372.º do CT) e de invalidade do procedimento disciplinar por qualquer das razões constantes do n.º 2 do art. 430.º do CT (idênticas às do n.º 1, do art. 12.º, da LCCT): (a) falta de comunicação da intenção do despedimento; (b) violação do princípio do contraditório e (c) inexistência de decisão escrita fundamentada.

Em primeiro lugar, cumpre esclarecer que não há qualquer processo especial para impugnar o despedimento individual do trabalhador.

Com efeito, a acção de impugnação do despedimento segue a tramitação do processo declarativo comum: petição, audiência de partes, contestação, resposta à contestação (se houver excepções ou reconvenção), despacho saneador, com base instrutória (excepto se a selecção da factualidade controvertida for simples), audiência preliminar (só nos casos complexos), instrução, audiência de julgamento, sentença e, eventualmente, recurso.

2 – Antes, porém, de referir algumas particularidades desta acção, não posso deixar de suscitar a questão da necessidade de um processo especial, com a urgência e a celeridade requeridas pela gravidade das consequências dos despedimentos.

Aliás, já há um **processo especial de impugnação de decisões disciplinares** no âmbito do processo de contencioso das instituições de Segurança Social e Associações Sindicais (arts. 170.º a 172.º do CPT).

Em Espanha, existe, também, um processo especial para a impugnação do despedimento (proceso de despido disciplinario común)[1], regulado na Ley de Procedimiento Laboral (arts. 103.º a 113.º), aprovada pelo Real Decreto Legislativo 2/1995, de 7/4.[2]

Todos reconhecemos que a duração dos processos de impugnação de despedimento é excessiva, apesar de, segundo a estatística relativa aos anos de 2000 a 2004, as acções emergentes de contrato individual de trabalho, terem durado, em média, cerca de 8 meses.[3]

Os prazos processuais são razoáveis mas não são cumpridos!

Perante esta situação, **impõe-se, antes de mais, criar condições para que os prazos sejam respeitados e seja garantida a celeridade dos processos laborais**.

De resto, a flexibilidade do processo comum declarativo, conjugada com o poder inquisitório do juiz do trabalho, permite encontrar as respostas adequadas nos processos de impugnação dos despedimentos, se for limitada a quantidade de processos por cada juiz.

No meu entender, não se justifica criar um processo especial para impugnação dos despedimentos, que, aliás, vão diminuindo, face à generalização dos "**acordos de revogação do contrato**".

---

[1] "Derecho Procesal del Trabajo" – Manuel Alonso Olea e outros – 3ª Ed., Thomson – CIVITAS.
[2] "El Processo Laboral" – Tomo I, Juan Monteiro Aroca – Libraria Bosch
[3] Estatísticas da Justiça – www.gplp.mj.pt

3 – Questão diversa é a de saber se se justifica atribuir **natureza urgente** à acção de impugnação de despedimento individual.

Como é sabido, as acções de impugnação de despedimento colectivo e de representantes dos trabalhadores (representantes sindicais, membros das comissões de trabalhadores e dos conselhos de empresa europeus) e as acções emergentes de acidentes de trabalho e doenças profissionais têm natureza urgente (arts. 26.°, n.ºs 1 e 2 do CPT e 456.°, n.° 4 do CT).

A urgência nestes processos é justificada pela necessidade de assegurar a igualdade real das partes, reforçando a protecção dos trabalhadores fragilizados por um despedimento colectivo, por acidentes ou doenças profissionais ou ainda pela pressão dos empregadores no caso dos representantes dos trabalhadores.

Afigura-se-me que, pelas mesmas razões, se justificaria que os processos de impugnação de despedimento individual tivessem natureza urgente, uma vez que a desigualdade das partes é, particularmente, acentuada no caso de despedimento, acrescendo a gravidade das consequências ao nível da subsistência económica e da saúde do trabalhador e do seu agregado familiar.

A dúvida que esta solução suscita é de ordem prática. Se for alargado, significativamente, o número dos processos de natureza urgente, esta solução deixa de ter efeitos práticos, porque quase todos os processos seriam urgentes e manter-se-ia a duração excessiva de todos.

É o que se passa com as acções de acidente de trabalho. Apesar da natureza urgente, a duração média destes processos em 2004 foi superior à dos processos emergentes de contrato individual de trabalho: 10 meses.

4 – Dispõe o n.° 2 do art. 435.° do CT que a acção de impugnação tem de ser intentada no prazo de **um ano** a contar da data do despedimento, excepto no caso de despedimento colectivo em que o prazo é limitado a seis meses contados da data da cessação do contrato.

Este prazo de caducidade coincide com o prazo de prescrição dos créditos resultantes da cessação do contrato (art. 381.°, n.° 1, do CT).

Contudo, o trabalhador deve propor a acção no prazo de 30 dias a contar da data do despedimento para manter, na íntegra, o direito às retribuições que deixou de auferir. Com efeito, se a acção não tiver entrado nos 30 dias subsequentes ao despedimento (art. 437.°, n.° 4, do CT), ser-lhe-ão deduzidas as retribuições desde a data do despedimento até 30 dias antes da propositura da acção. Manteve-se a solução do n.° 2 do art. 13.°

da LCCT, agravada com a dedução do subsídio de desemprego (art. 437.°, n.° 3, do CT).

Não se justifica qualquer alteração no tocante ao prazo de caducidade da acção de impugnação do despedimento. Contudo, para as demais acções emergentes de outras formas de cessação do contrato, será possível interromper a prescrição, com o consequente alargamento do prazo para a propositura das restantes acções.

Penso que se deveria aplicar, uniformemente, os regimes de prescrição e caducidade a todas as acções emergentes da cessação do contrato.

5 – O n.° 3 do art. 435.° do CT determina que "**na acção de impugnação do despedimento, o empregador, apenas, pode invocar factos e fundamentos constantes da decisão de despedimento do trabalhador**".

O legislador manteve, assim, a solução do n.° 4, do art. 12.° da LCCT, na esteira da jurisprudência anterior, valorizando o procedimento disciplinar e o princípio do contraditório em detrimento da verdade material.

Esta solução é correcta, devendo manter-se inalterada.

Embora tenha suprimido a referência ao ónus da prova, é evidente que compete sempre ao empregador a prova dos factos invocados na decisão do despedimento.

Por isso, no meu entender, o trabalhador pode limitar-se na petição inicial a alegar o contrato de trabalho e o despedimento, reservando para a resposta a impugnação da factualidade que vier a ser alegada na contestação.

6 – Uma norma que carece de regulamentação adjectiva é a do n.° 2 do art. 436.° do CT, que permite a reabertura do procedimento disciplinar na acção de impugnação do despedimento baseada na sua invalidade até ao termo do prazo para contestar.

Confrontada com o pedido de declaração de ilicitude e de condenação do R., com fundamento na invalidade do procedimento disciplinar, este pode reabrir o processo disciplinar, sanar os vícios e decidir o chamado "**redespedimento**".

Por exemplo, a falta de inquirição duma testemunha, a inclusão nos fundamentos da decisão de factos não descritos na nota de culpa ou a falta do parecer da CITE (Comissão para a Igualdade no Trabalho e no

Emprego)[4] no despedimento da trabalhadora grávida acarretam a invalidade do procedimento disciplinar.

Este último caso foi objecto do Acórdão do Tribunal da Relação de Lisboa de 14/12/2004, que revogou uma sentença do Tribunal do Trabalho de Lisboa por este se ter substituído ao empregador no pedido de parecer à CITE.[5]

No caso deste aresto, o empregador não tinha remetido o processo disciplinar à CITE, após a conclusão da instrução, para efeito do parecer a que se referem os arts. 51.º do CT e 98.º do RCT. O Tribunal ordenou a remessa do processo disciplinar à CITE em vez de se limitar a suspender a instância. Efectivamente, o empregador é que tem o poder disciplinar, cabendo-lhe o ónus de reabrir o processo e solicitar a emissão do parecer em falta.

Citando o sumário do referido Acórdão:
"**IV – Permite o art. 436.º do Código do Trabalho que a entidade patronal supra a falta de uma formalidade do processo disciplinar, se o despedimento tiver sido impugnado com fundamento em invalidade do procedimento, reabrindo-o até ao termo do prazo de que dispõe para contestar a impugnação, o que implica uma subsequente reapreciação, pela entidade patronal, sobre o despedimento.**

V – Cabe exclusivamente à entidade patronal e não ao Tribunal desenvolver as diligências necessárias à obtenção do parecer da CITE."

Como é óbvio, urge regular os procedimentos a adoptar para permitir a reabertura do processo disciplinar, sem quebra dos princípios do contraditório e da celeridade.

Parece-me razoável a proposta do Grupo de Trabalho para reforma do CPT no sentido do alargamento do prazo da contestação por 30 dias, renovável por uma vez, após a apresentação do requerimento para abertura do processo disciplinar.

Neste caso, deve ser assegurado o direito de responder à contestação, no prazo de dez dias, nos mesmos termos do art. 60.º, n.º 1, do CPT.

---

[4] Foi anunciada a criação da Direcção Geral da Igualdade na Presidência do Conselho de Ministros, em substituição da CITE.

[5] Proc. n.º 8024/2004-4 – www.dgsi.pt/jtrl.

Esta solução parece-me preferível à suspensão da instância, que poderá, eventualmente, propiciar atrasos e expedientes dilatórios.[6]

7 – Se o despedimento for declarado ilícito, o trabalhador tem direito à reintegração ou à indemnização pelos danos patrimoniais e não patrimoniais sofridos (art. 436.° do CT) e ainda à compensação prevista no art. 437.°, ou seja, às retribuições que deixou de auferir desde a data do despedimento até ao trânsito em julgado da decisão judicial, deduzidos outros rendimentos do trabalho e, agora, até o subsídio de desemprego (art. 437.°, n.os 1 a 3 do CT).

Relativamente à dedução destes rendimentos do trabalho, convém esclarecer se a mesma está ou não dependente da alegação e prova a efectuar pelo R. empregador.[7]

Para tal, o trabalhador deve declarar a sua opção pela reintegração ou pela indemnização até à prolação da sentença. Usualmente, a declaração é ditada para a acta na audiência de julgamento (arts. 438.°, n.° 1 e 439.° do CT). Se o não fizer, deve o juiz ordenar que o Autor opte antes de proferir a sentença.[8]

Porém, o empregador pode opor-se à reintegração de trabalhador que ocupe cargos de administração ou direcção ou em caso de microempresa "**se justificar que o regresso do trabalhador é gravemente prejudicial e perturbador para a prossecução da actividade empresarial**" (art. 438.°, n.° 2 do CT).

A apreciação dos fundamentos da oposição é da competência do Tribunal (n.° 3 do art. 438.° do CT).

Trata-se de uma "**resolução patronal de exercício judicial**", que, segundo o esquema do Prof. João Leal Amado, resulta da "**Impugnação do despedimento + opção reintegratória por parte do trabalhador + declaração patronal de oposição à reintegração + declaração judicial de ilicitude do despedimento e de procedência da oposição à reintegração**".[9]

---

[6] Domingos José Morais – Questões Laborais, 23 – Ano XI – 2004.

[7] Acórdãos do Tribunal da Relação de Lisboa de 18/06/2003 (P. 8756/2002-4) e 02/06/2005 (P. 4342/2004-4) – www.dgsi.pt.

[8] Acórdão do Tribunal da Relação de Lisboa de 17/01/2001 (P. 89914) – www.dgsi.pt.

[9] José Leal Amado – "**Despedimento ilícito e oposição patronal à reintegração: um caso de resolução judicial do contrato de trabalho**" – Sub Judice, 27-2004, pág. 7

Se o trabalhador optar pela reintegração na petição inicial (é a regra, ainda que, na realidade, pretenda uma indemnização) o empregador pode, cautelarmente, opor-se à reintegração, alegando na contestação que o regresso daquele prejudica e perturba gravemente a sua actividade, na hipótese de aquela vir a ser decretada, e apresentando a respectiva prova, sem prejuízo da resposta do A. no prazo legal.

Se, apenas, o fizer ulteriormente, deve ser facultada ao R. empregador a possibilidade de se opor à reintegração, que, eventualmente, venha a ser decretada.

Este incidente deverá ter uma tramitação simplificada e urgente para não protelar a decisão final[10].

8 – Finalmente, qual o valor que deve ser atribuído às acções de impugnação do despedimento?

O CPT vigente é omisso sobre esta questão, uma vez que foi revogado o n.º 3 do art. 47.º do CPT de 1981, que impunha um valor não inferior à alçada do Tribunal de 1ª Instância e mais 1 escudo.

Tenho defendido que estando em causa interesses imateriais, deverá ser considerado o valor equivalente à alçada da Relação e mais € 0,01 (presentemente, € 14.963,95, mas já foi anunciado o aumento para € 30.000,01).

Não tem sido esta a prática forense nem a jurisprudência dominante, até porque está sempre garantido o recurso para a Relação (art. 79.º, al. a) do CPT).

Ademais, a atribuição daquele valor tem tido efeitos perversos: além do agravamento das custas num tempo em que o apoio judiciário está limitado, praticamente, aos indigentes, alguns empregadores inescrupulosos abusam do recurso para o STJ com intuitos meramente dilatórios.

Por isso, entendo que o valor deve confinar-se à indemnização, incluindo os danos morais, acrescida de outros créditos peticionados, sem prejuízo da recorribilidade da sentença para a Relação, garantida no CPT.

9 – Para concluir, sinteticamente, direi que é inadiável a reforma do CPT, que vigora desde 1/01/2000.

---

[10] Dr. Domingos José Morais – Questões Laborais, n.º 23 – Ano XI – 2004, pág. 34.

As reformas da legislação laboral (em particular, o CT e a sua Regulamentação constante da Lei n.º 35/2004, de 29/7) e da acção executiva reclamam a necessária adequação do direito processual do trabalho, de que são exemplos flagrantes a reabertura do procedimento disciplinar e a oposição à reintegração.

Embora não me pareça indispensável a criação de um processo especial, para a declaração de ilicitude do despedimento, já se afigura conveniente que as acções de impugnação do despedimento individual tenham natureza urgente.

Como ensinava o Prof. João de Castro Mendes, **"no contrato de trabalho típico, o sentido e relevo do contrato é visto como desigual para uma e outra parte: para uma delas é um mero instrumento de actuação económica e de lucro, para a outra é a base da sua vida e mesmo da sua realização pessoal"**[11].

É essencial que se defina correctamente os objectivos da reforma do CPT, tendo presente o princípio da igualdade real das partes e a "índole" do processo laboral, (n.º 3, do art. 1.º do CPT), que radica na autonomia do direito processual do trabalho[12].

Já dizia Séneca: *"Quando se navega sem destino, nenhum vento é favorável"*.

Sem prejuízo da reforma do CPT, urge melhorar as condições em que é administrada a justiça laboral, em particular, nos tribunais do trabalho das áreas metropolitanas de Lisboa e Porto.

Num tempo de crise e precariedade, é essencial garantir, com celeridade e eficácia, o respeito pelos direitos dos trabalhadores, sobretudo, quando são despedidos ilicitamente.

Lisboa, 17 de Março de 2006

---

[11] Organização Judiciária do Trabalho e Direito Processual Laboral – BMJ (Suplemento "Direito do Trabalho") – 1979.

[12] Raul Ventura – Princípios Gerais de Direito Processual do Trabalho – Curso de Direito Processual do Trabalho – Suplemento da Revista da Faculdade de Direito de Lisboa – 1964.

PROCESSO DE IMPUGNAÇÃO DE DESPEDIMENTO COLECTIVO*

Luís Miguel Monteiro
Advogado

SUMÁRIO: §1. Introdução. §2. Objecto do processo. §3. Natureza – génese e razões da especialidade processual. §4. Legitimidade activa. §5. Oportunidade da prova pericial. §6. Audiência preliminar. §7. Conclusão.

§1. Introdução

O Código de Processo do Trabalho (CPT)[1] regula, nos arts. 156.º a 161.º, a tramitação de forma especial do processo declarativo (cfr. art. 48.º), através da qual se pede a declaração de ilicitude da resolução do contrato de trabalho, operada pelo empregador por razões relativas à empresa e através da modalidade de cessação que a lei designa por "despedimento colectivo"[2].

---

* O texto corresponde, com alterações, à intervenção feita, em 17 de Março de 2006, nas Jornadas de Direito Processual·do Trabalho. Aos organizadores e, em particular, à Juíza de Direito Dra. Maria Adelaide Domingos, do Centro de Estudos Judiciários, e ao Professor Doutor Pedro Romano Martinez, do Instituto de Direito do Trabalho da Faculdade de Direito de Lisboa, é devido agradecimento pelo convite formulado para a participação nos trabalhos e viva saudação pela·iniciativa, num domínio em que são raras as oportunidades de reflexão e de debate científico.

[1] Aprovado pelo DL 480/99, de 9 de Novembro.

[2] "Considera-se despedimento colectivo a cessação de contratos de trabalho promovida pelo empregador e operada simultânea ou sucessivamente no período de três

Tratando-se de forma especial do processo do trabalho, são-lhe subsidiariamente aplicáveis as normas que disciplinam o processo laboral declarativo comum [Código de Processo Civil (CPC), art. 463.º/1, com as necessárias adaptações], e, por via deste, o processo civil declarativo sumário (CPT, art. 49.º/2).

O trabalhador – cada um dos trabalhadores – cujo contrato de trabalho cessou por declaração do empregador proferida no âmbito de procedimento formalmente havido como de despedimento colectivo [Código do Trabalho (CT), arts. 419.º a 422.º] é titular do direito de acção, através do qual se invoca a tutela conferida pelo ordenamento jurídico ao princípio da segurança no emprego (Constituição da República, art. 53.º), preceito fundamental de que resulta, entre outras, a proibição de rupturas contratuais fora das situações legalmente previstas.

§2. **Objecto do processo**

A pretensão[3] que o autor pretende fazer valer em juízo é a declaração de ilicitude da decisão patronal de despedimento[4], proferida no âmbito e sob a forma de "despedimento colectivo". Esta forma processual deve ser empregue, por isso, sempre que o autor/trabalhador pretenda ver declarada a ilicitude do seu despedimento, formalizado como colectivo pelo empregador.

Em regra, o disposto no art. 431.º/1 do CT impedirá que a apreciação da decisão de despedir colectivamente se faça fora do âmbito do processo que constitui o objecto do presente estudo.

O pedido de declaração judicial da existência de despedimento colectivo, designadamente para que o empregador seja condenado no

---

meses, abrangendo, pelo menos, dois ou cinco trabalhadores, conforme se trate, respectivamente, de microempresa e de pequena empresa, por um lado, ou de média e grande empresa, por outro, sempre que aquela ocorrência se fundamente em encerramento de uma ou várias secções ou estrutura equivalente ou redução de pessoal determinada por motivos de mercado, estruturais ou tecnológicos" (CT, art. 397.º/1).

[3] Para a identificação do objecto do processo com a pretensão ou pedido do autor veja-se, em termos resumidos, José Lebre de Feitas, *Introdução ao Processo Civil*, Coimbra Editora, 1996, p. 46 e ss.

[4] Recorde-se que a ilicitude do despedimento – de qualquer despedimento – "só pode ser declarada por tribunal judicial em acção intentada pelo trabalhador" (CT, art. 435.º/1).

cumprimento dos efeitos legais daquele, não é possível. O regime legal e, em concreto, a norma que considera ilícito o despedimento não acompanhado do pagamento da compensação pela cessação do contrato ou dos créditos emergentes deste [alínea c) do art. 431.º/1 do CT], inviabiliza a dedução de pedido de reconhecimento judicial da existência de despedimento colectivo autónomo do de declaração de ilicitude deste[5]. Dito de outro modo: a apreciação judicial do procedimento de despedimento colectivo é instrumental da declaração de ilicitude deste, a fazer em sede de processo especial.

Não é assim possível invocar como causa de pedir a verificação do despedimento e pedir a condenação do seu autor no cumprimento dos respectivos efeitos, designadamente os de natureza patrimonial. Não sendo a causa de pedir – a verificação do despedimento colectivo – acompanhada do pedido legalmente necessário – a declaração de ilicitude deste – verificar-se-á ineptidão da petição inicial, por contradição substancial entre uma e outro [CPC, art. 193.º/2, b)].

§3. **Natureza – génese e razões da especialidade processual**

Como processo especial, assim expressamente qualificado (cfr. CPT, Livro I, Título VI, Capítulo II), a acção de impugnação de despedimento colectivo traduz-se numa sequência ordenada de actos, especificamente predisposta para fazer valer determinado tipo de pretensão[6], no caso, a declaração de ilicitude da cessação contratual obtida por via da modalidade do despedimento colectivo.

Neste caso, a especialidade reconhece-se em três domínios específicos: as regras destinadas a assegurar a presença, como autores, do maior número possível de trabalhadores despedidos (CPT, arts. 31.º/2 e

---

[5] Excepção conhecida decorre do previsto no n.º 2 do art. 431.º do CT: sempre que o despedimento colectivo seja promovido pelo administrador da insolvência, nos termos previstos no art. 391.º, ou se verifique nos casos regulados em legislação especial sobre recuperação de empresas e reestruturação de sectores económicos, a circunstância de não ser disponibilizada pelo empregador a compensação devida pelo despedimento nem os créditos vencidos ou exigíveis em virtude da cessação do contrato de trabalho, não importa a ilicitude da cessação contratual.

[6] José Lebre de Feitas, *A Acção Declarativa Comum,* Coimbra Editora, 2000, p. 12.

156.º/3), a precedência da prova pericial relativamente à fase de saneamento do processo (*idem*, art. 157.º) e a obrigação de decisão de mérito no saneador (*idem*, art. 160.º/3).

O processo de impugnação de despedimento colectivo foi introduzido no ordenamento jurídico nacional pelo DL 315/89, de 21 de Setembro, que alterou o anterior Código de Processo do Trabalho[7]. Nesta altura, porém, há muito que o despedimento colectivo era reconhecido e regulado como modo de cessação da relação de trabalho[8], submetendo-se a apreciação da respectiva licitude ao processo laboral declarativo comum, na ausência de processo especial.

Foi apenas com a reformulação do regime desta modalidade de cessação contratual, operada pelo DL 64-A/89, de 27 de Fevereiro, que o legislador sentiu necessidade de criar "mecanismos processuais adequados à efectivação do direito de impugnação do despedimento colectivo"[9]. Reconheceu-o de modo expresso, no art. 25.º/3 do regime jurídico da cessação do contrato individual de trabalho e da celebração e caducidade do contrato a termo (LCCT), aprovado pelo referido DL 64-A/89, ao estabelecer que "a providência cautelar de suspensão e a acção de impugnação do despedimento seguem os termos previstos no Código de Processo do Trabalho".

Como estes "termos" não existiam, sendo o processo (declarativo) comum a única forma de invalidar a cessação contratual promovida pelo empregador[10], no CPT então vigente foram incluídos os preceitos necessários à disciplina quer da suspensão cautelar da eficácia do despedimento (arts. 45.º-A a 45.º-C), quer da acção destinada a declarar a ilicitude deste (arts. 156.º-A a 156.º-H).

---

[7] Aprovado pelo DL 272-A/81, de 30 de Setembro.

[8] Considerando apenas a legislação posterior à revolução de Abril de 1974, o despedimento colectivo foi disciplinado primeiro pelo DL 783/74, de 31 de Dezembro, e depois pelo DL 372-A/75, de 16 de Julho, na versão alterada pelo DL 84/76, de 28 de Janeiro. A evolução da disciplina do despedimento colectivo no ordenamento jurídico português pode ser compulsada em Bernardo Lobo Xavier, *O Despedimento Colectivo no Dimensionamento da Empresa*, Verbo, Lisboa, 2000, p. 43 e ss.

[9] Preâmbulo do DL 315/89, de 21 de Setembro, que aditou ao CPT de 1981 os arts. 156.º-A a 156.º-H, contendo o regime do processo especial em referência.

[10] Sem prejuízo da possibilidade de impugnação, na jurisdição administrativa, do reconhecimento, expresso ou tácito, pela Administração do Trabalho da existência de fundamento para a cessação contratual pretendida (cfr. Lobo Xavier, *op. cit.*, p. 101 e ss.).

A previsão de forma processual especialmente dirigida ao controle da legalidade do despedimento colectivo procurou "compensar" o que constituiu uma das principais alterações da disciplina legal desta modalidade de cessação do contrato de trabalho, operada pelo legislador de 1989: a passagem de sistema administrativo de controlo dos motivos do despedimento colectivo para outro de raiz judicial.

Como se sabe, no regime anterior ao aprovado pelo DL 64-A/89, o despedimento colectivo supunha a organização de procedimento de natureza administrativa, da competência de estrutura governamental responsável pela área laboral – a Secretaria de Estado do Emprego –, destinado a verificar da existência dos fundamentos invocados para a ruptura contratual (art. 17.º), procedimento que podia culminar com a proibição do despedimento, por despacho ministerial[11].

No "novo" regime de despedimento colectivo, a avaliação da legalidade da motivação do despedimento e do procedimento destinado a declará-lo foi confiada de modo exclusivo aos tribunais, cessando a possibilidade da descrita intervenção tutelar da Administração. Reduzida, neste sentido, a tutela dos trabalhadores envolvidos no despedimento, logo se adoptaram mecanismos alternativos de protecção, neste caso através de soluções processuais destinadas a reforçar os poderes jurisdicionais de apuramento da relação material controvertida, a fazer com maior celeridade e de modo uniforme.

Não é decerto por acaso que as medidas que conferem especialidade ao actual processo de impugnação de despedimento colectivo respeitam essencialmente aos fundamentos do despedimento. Trata-se da mesma matéria que na legislação anterior a 1989, era objecto da intervenção administrativa *supra* descrita, o que permite concluir que a criação deste processo especial se explica, em larga medida, pela necessidade de assegurar que os tribunais disporiam de instrumentos similares de tutela dos trabalhadores, agora que ocupavam, no contexto da verificação dos fundamentos do despedimento colectivo, a posição que antes pertencera à Administração.

Procurará apurar-se, nos parágrafos subsequentes, se as soluções processuais gizadas servem a finalidade subjacente à sua criação, justificando

---

[11] Embora o texto legal não fizesse depender o despedimento da autorização administrativa, assim acontecia de facto – cfr. Mário Pinto / Furtado Martins, "Despedimentos colectivos: liberdade de empresa e acção administrativa", *Revista de Direito e de Estudos Sociais*, 1993, n.ºs 1 a 4, pp. 28 e 29.

a subsistência de acção de impugnação de despedimento colectivo com natureza especial.

§4. Legitimidade activa

Como se disse, a especialidade da acção de impugnação de despedimento colectivo pode descortinar-se em três domínios específicos: (i) as regras destinadas a assegurar a presença, como autores, do maior número possível de trabalhadores despedidos (CPT, arts. 31.°/2 e 156.°/3); (ii) a precedência da prova pericial relativamente à fase de saneamento do processo (idem, art. 157.°) e (iii) a obrigação de decisão de mérito no saneador (idem, art. 160.°/3).

O primeiro dos traços característicos do processo em análise é a especial configuração da legitimidade activa, tendencialmente plural[12] atenta a natureza supra individual da decisão de despedimento que é impugnada.

Um mesmo procedimento culmina, em regra, na cessação de várias relações de trabalho; o exercício dos direitos de acção inerentes pode determinar outras tantas apreciações judiciais, não coincidentes nem quanto aos aspectos unitários do despedimento – *maxime*, o cumprimento das regras procedimentais e a motivação subjacente à decisão de despedir. Consciente do facto, o legislador pretendeu, através de diversas soluções, assegurar a uniformidade de julgados quanto ao cumprimento das formalidades do despedimento e à realidade e eficácia extintiva dos motivos que o justificam.

Assim, a lei admite expressamente o litisconsórcio voluntário activo (CPC, art. 27.°/1)[13] quando se refere, no plural, aos "autores" da acção de impugnação (CPT, art. 156.°/3). A relação material controvertida – a resolução de contratos de trabalho operada pelo empregador no âmbito de despedimento colectivo – respeita, em simultâneo, a vários sujeitos.

---

[12] De facto, pode verificar-se o despedimento "colectivo" de apenas um trabalhador – basta que, tendo-se iniciado como colectivo, isto é, como respeitante a vários trabalhadores, o procedimento se conclua pelo despedimento de um só trabalhador.

[13] Neste sentido, Alberto Leite Ferreira, *Código de Processo do Trabalho Anotado*, Coimbra Editora, 1996, p. 680. Contra, Lobo Xavier, *op. cit.*, p. 562, nota 13 e p. 565, nota 20, para quem esta legitimidade plural se reconduz a hipótese de coligação, admitida por "motivos de economia e celeridade processuais e de uniformidade de julgados".

A isso acresce a previsão do dever do réu/empregador requerer, até ao termo do prazo para contestar, a intervenção principal provocada (CPC, art. 325.º/1) dos restantes trabalhadores despedidos que não sejam autores (CPT, art. 156.º/3), bem como a apensação obrigatória, até à prolação do despacho saneador, de acções com o mesmo pedido (*idem*, art. 31.º/2).

Tendo por referência a intervenção principal provocada e não obstante a letra do preceito legal, deve entender-se que os trabalhadores cujo chamamento se determina não são todos os despedidos, mas os que tendo sido objecto do despedimento, não o aceitaram. O réu apenas se encontra obrigado a requerer o chamamento daqueles trabalhadores que não tenham transigido relativamente ao que seria o objecto do processo judicial ou que, por qualquer forma juridicamente idónea, não tenham promovido a extinção dos direitos decorrentes da declaração de ilicitude do despedimento.

A afirmação afigurava-se pacífica à luz da estatuição do art. 25.º/1 da LCCT, na versão anterior à Lei 32/99, de 18 de Maio, pois aí o direito de impugnação do despedimento colectivo encontrava-se circunscrito aos trabalhadores que não tivessem aceite o despedimento, aceitação evidenciada pelo recebimento da respectiva compensação (LCCT, art. 23.º/3). Não faria sentido, por isso, obrigar ao chamamento de quem não podia intervir na causa, por nela (já) não poder fazer valer o direito cuja tutela se promovia.

Este regime foi modificado, por duas vezes – primeiro, através da supressão da presunção inilidível de aceitação do despedimento, operada pelo referido diploma de 1999; depois, pela consagração de presunção simples de aceitação do despedimento, ilidível por demonstração do contrário (CT, art. 401.º/4)[14].

Não obstante a actual configuração do regime legal, no que respeita a este aspecto específico, entende-se que os trabalhadores que aceitaram o despedimento carecem de legitimidade para a acção em que se discute a validade daquele, ou seja, não têm interesse directo em demandar (CPC, art. 26.º/1). Logo, não devem ser chamados a nela intervir.

Tenha-se presente que para efeitos de intervenção provocada e nesta fase processual, os trabalhadores que receberam a compensação devida pela cessação do contrato de trabalho não aceitaram necessariamente o

---

[14] Pedro Romano Martinez e Outros, *Código do Trabalho Anotado*, Almedina, Coimbra, 2005, nota II. ao art. 401.º, p. 662.

despedimento (cfr. CT, art. 401.°). Embora possa parecer incongruente impor o encargo do chamamento à parte que beneficia com a inércia do chamado, não se vê como pode ser ignorada a regra legal que muito claramente obriga a requerer a intervenção de todos os com legitimidade para impugnar o despedimento, aí se compreendendo aqueles que podem impugná-lo, não obstante carecerem de fazer prova de que não o aceitaram.

As considerações antecedentes evidenciam e justificam a necessidade de prolação de decisão sobre a admissibilidade do chamamento[15], proferida sem audição da parte contrária (CPT, art. 156.°/4), após o que se segue a tramitação prevista na lei processual civil (art. 325.° e seguintes).

Deste modo, os chamados podem não intervir – caso em que a sentença a proferir tem, quanto a eles, valor de caso julgado [CPC, arts. 328.°/2, a) e 320.°/a)] – ou fazê-lo, quer mediante a apresentação, em prazo idêntico ao do oferecimento da contestação, de articulado próprio, quer aceitando o articulado do autor ou autores (*idem*, art. 327.°/3). O réu/empregador pode deduzir oposição ao articulado próprio apresentado pelos chamados (CPC, arts. 327.°/3 e 324.°/3).

Descritos os três mecanismos que configuram de modo especial a legitimidade activa nas acções de impugnação de despedimento colectivo, como se disse um dos traços característicos desta forma processual, há que reconhecer que apenas de modo parcial servem o objectivo que os explica – assegurar que num único processo é apreciado o maior número possível de pedidos de declaração de ilicitude do mesmo despedimento colectivo.

De facto, se os trabalhadores despedidos não propuserem conjuntamente a acção de impugnação do despedimento que os visou, se o empregador não requerer a intervenção principal dos empregados despedidos que não figuram como autores daquela acção ou se não der a conhecer a existência de outras acções com objecto idêntico, bem como se esta informação for obtida em momento em que a apensação de acções não é já obrigatória (CPT, art. 31.°/2) ou é inconveniente (CPC, art. 275.°/1, *in fine*), a decisão de despedimento (colectivo) proferida no mesmo procedimento será objecto de diversas acções, sujeitas a apreciações distintas.

---

[15] Neste sentido, Leite Ferreira, *op. cit.*, p. 681.

O mesmo sucede, de resto, se a avaliação dos fundamentos do mesmo despedimento colectivo tiver de seguir forma processual diferente, em razão do pedido formulado. É o caso da acção destinada a declarar a existência de motivo para a cessação do contrato de trabalho, a ocorrer no âmbito de despedimento colectivo, de trabalhadora abrangida pelo regime de protecção da maternidade, que tenha merecido parecer desfavorável da Comissão para a Igualdade no Trabalho e no Emprego (CITE).

Como se sabe, o despedimento de trabalhadora grávida, puérpera ou lactante[16], ainda que inserido no âmbito mais vasto de despedimento colectivo, carece do parecer prévio daquela Comissão [CT, art. 51.º/1; Lei 35/2004, de 29 de Julho, art. 496.º/1, e)], sem o que é inválido. Sendo o parecer contrário à decisão de despedimento da trabalhadora, este só pode acontecer "após decisão judicial que reconheça a existência de motivo justificativo" (CT, art. 51.º/5), proferida em acção a intentar pelo empregador e cuja tramitação segue a forma declarativa comum (CPT, art. 48.º/3). Neste caso, a mesma realidade – a motivação do despedimento – será objecto de apreciação judicial em acções distintas, sujeitas a tramitação diversa[17].

Não obstante, a principal razão por que as regras mencionadas não permitem alcançar o objectivo que as justifica e que caracteriza a especialidade do processo em análise reside na ausência de efeito cominatório associado à violação dos comandos legais citados. Se, ainda que por inércia ou omissão do empregador, nem todos os trabalhadores despedidos colectivamente figurarem como autores da respectiva acção de impugnação, nenhuma consequência negativa daí resulta. O empregador apenas terá o ónus de litigar em diversas frentes, sendo demandado em tantos processos quantos intentarem isoladamente os vários trabalhadores despedidos[18].

---

[16] Bem como de trabalhador no gozo da licença por paternidade (cfr. Lei 35/2004, de 29 de Julho, art. 98.º/4).

[17] Na situação descrita não pode haver lugar à apensação de acções. Rejeitadas outras causas de apensação manifestamente inaplicáveis, aquela dependeria da verificação dos pressupostos da reconvenção (CPT, art. 31.º/1; CPC, art. 275.º/1). Ora, a reconvenção só seria admissível se autor/reconvindo e réu/reconvinte fossem os mesmos (CPC, art. 274.º/1), o que não acontece. Acresce ainda que os processos – de impugnação de despedimento colectivo e de declaração de existência de motivo para aquele despedimento – sempre seguiriam formas diferentes, por razões que não o diverso valor dos pedidos, tramitando de modo manifestamente incompatível (cfr. CPC, art. 31.º/2, *ex vi* arts. 275.º/1 e 274.º/3).

Em síntese, a especialidade da acção de impugnação de despedimento colectivo conhece, neste domínio, as limitações assinaladas.

§5. Oportunidade da prova pericial

A acção em apreço revela a sua especialidade, também, na precedência da prova pericial relativamente à fase de saneamento do processo. A este meio de prova se reconduz a nomeação pelo tribunal de assessor ou assessores, técnicos com conhecimentos especiais necessários[19] à percepção ou apreciação dos factos que consubstanciam os fundamentos do despedimento colectivo impugnado. Por isso, os assessores estão sujeitos aos impedimentos, suspeições, escusa e dispensa legal previstos na lei processual civil para os peritos (CPT, art. 157.°/5).

Percorra-se, a este propósito e em termos sintéticos, a tramitação do processo até ao seu saneamento.

Apresentada a petição inicial, com indicação das provas pré-constituídas e constituendas (CPT, art. 63.°/1) e por não haver lugar a audiência de partes, o réu é citado para contestar (idem, art. 156.°/1), com o efeito cominatório previsto no processo declarativo comum (idem, art. 57.°/1)[20]. Com a contestação, que deve igualmente conter indicação das provas, o réu deve juntar os documentos que confirmem o cumprimento das obrigações legais de informação e consulta prévias ao despedimento[21] e requerer o chamamento dos restantes trabalhadores não autores que não

---

[18] Neste sentido, Lobo Xavier, op. cit., p. 565.

[19] O preceito legal subtrai ao julgador, porém, a valoração desta necessidade: a assessoria técnica tem lugar sempre que ocorra impugnação dos fundamentos do despedimento colectivo (cfr. CPT, art. 157.°/1).

[20] Efeito aplicável ao processo especial em apreço, não obstante, no processo comum, a confissão dos factos alegados pelo autor supor notificação do réu posterior à sua citação para a audiência de partes [CPT, arts. 56.°/a) e 57.°/1], que aqui não tem lugar. A diferença resulta da distinta tramitação do processo comum e deste processo especial, mas não é de molde a impedir a aplicação da regra do art. 57.°/1, que, de resto, alude à falta de contestação do réu "regularmente citado" para o efeito.

[21] Na ausência de regra idêntica à do art. 38.°/1 do CPT, não se afigura que o incumprimento do comando do art. 156.°/2 impeça a posterior junção dos documentos referidos, a fazer, em regra, até ao momento em que os mesmos devam ser analisados no âmbito da assessoria técnica (CPC, art. 523.°/2, com as necessárias adaptações).

tenham aceite a cessação dos respectivos contratos, nos termos assinalados (*idem*, art. 156.º/2 e 3).

Com a apresentação dos articulados decorrentes desta intervenção provocada e sem prejuízo da possibilidade de resposta à contestação se o réu/empregador se defender por excepção (CPT, art. 60.º/1), encontra-se concluída a fase dos articulados.

O processo conhecerá então trajectórias distintas, caso tenha ou não sido invocada a improcedência dos fundamentos invocados para o despedimento[22] como causa invalidante deste.

Se não foi formulado pedido de declaração da improcedência daqueles fundamentos, seguir-se-á a audiência preliminar ou o julgamento, conforme os casos. Desaparece assim a segunda especialidade da acção de impugnação de despedimento colectivo, ou seja, não há lugar a prova pericial em momento prévio ao saneamento do processo.

Estando em causa a apreciação dos motivos do despedimento, é nomeado assessor (CPT, art. 157.º/1), a quem cabe auxiliar o julgador na percepção ("observação e captação dos factos materiais invocados como determinante do despedimento"), na averiguação ou investigação ("recolha das informações necessárias ou úteis ao esclarecimento dos factos alegados"), na fundamentação ou apreciação ("estudo e valorização técnica dos elementos apurados") e na conclusão ("emissão de parecer sobre os factos que alegadamente levaram o empregador a fazer cessar os contratos e a sua justificação")[23] respeitante aos motivos do despedimento.

Desde que pelo menos uma das partes o requeira, o tribunal nomeia mais dois assessores (CPT, art. 157.º/2).

No mesmo prazo de que dispõe para requerer esta nomeação – dez dias contados da notificação da nomeação do primeiro assessor – e, por isso, porventura sem conhecer a natureza singular ou colegial da assessoria, a parte pode designar um técnico "para assistir o assessor ou assessores no desempenho das suas funções" (CPT, art. 157.º/3). Assim e ao contrário do que acontece com os assessores, pode ser nomeado apenas um *técnico de parte*.

---

[22] A esta hipótese deve equiparar-se, como adiante se verá, a de ter sido pedida a declaração de ilicitude do despedimento por preterição das formalidades essenciais do respectivo procedimento.

[23] Leite Ferreira, *op. cit.*, p. 688.

Este técnico actua como auxiliar ou mandatário de quem o designa[24], não partilhando por isso a posição processual do assessor e não se encontrando, designadamente, sujeito ao regime de impedimentos e suspeições próprio deste (CPT, art. 157.°/5). A sua intervenção mais relevante esgota-se na possibilidade de emitir declaração fundamentada das razões de discordância face ao relatório do assessor (idem, art. 158.°/3), substituindo-se à parte no comentário directo à fundamentação e conclusões daquele relatório que esta não pode fazer[25].

O relatório de assessoria deve ser apresentado em juízo em trinta dias, prazo com início em momentos distintos, consoante a perícia seja singular ou colegial (CPT, art. 158.°/2). Havendo apenas um assessor, os trinta dias contam-se do termo do prazo para indicação dos técnicos de parte, o que significa, em termos práticos, que o relatório deve ser junto nos quarenta dias subsequentes àquele em que as partes são notificadas da nomeação do assessor (CPT, arts. 158.°/2 e 157.°/3). Sendo a assessoria exercida colegialmente, o mesmo prazo tem início no dia seguinte àquele em que os dois restantes assessores tomam conhecimento da respectiva nomeação (idem, art. 158.°/2)[26].

Alguma dificuldade na articulação destes preceitos legais e a importância da matéria, para mais tratando-se de processo urgente (idem, art. 26.°/1), aconselham a que o juiz fixe o momento do termo do prazo, cujo incumprimento pode constituir causa de destituição dos assessores (CPC, art. 570.°/2).

O relatório dos assessores deve expressar o entendimento dos seus autores sobre a verificação dos factos que motivaram a decisão de despedir, em si mesmos e na medida em que consubstanciam o concreto fundamento de despedimento invocado. Não deve limitar-se, porém, a

---

[24] Cfr. Leite Ferreira, op. cit., p. 687 e Carlos Alegre, Código de Processo do Trabalho, Almedina, Coimbra, 2003, pp. 365 e 366.

[25] Em termos gerais, a parte apenas pode reclamar da deficiência, obscuridade ou contradição do relatório ou da falta de fundamentação das respectivas conclusões (CPC, art. 587.°/2).

[26] A letra do preceito legal parece apontar para que o prazo de conclusão do relatório seja contado da data da nomeação dos restantes dois assessores, mas impõe-se a interpretação sugerida no texto, pois não faria sentido que o prazo estivesse em curso sem que os a ele vinculados disso tivessem conhecimento. Em sentido diverso, Leite Ferreira (op. cit., p. 689), para quem neste caso o prazo tem início após a notificação às partes do despacho que nomeou os assessores.

mera síntese conclusiva, mas antes indicar as diligências materiais realizadas e as informações recolhidas ao longo da actividade instrutória desenvolvida pelos assessores (CPT, art. 158.º/1).

No entanto, os assessores não podem exorbitar o âmbito de apreciação inerente à fiscalização judicial da decisão do empregador. Como é óbvio, o que se encontra vedado ao tribunal também limita a intervenção dos assessores por aquele nomeados. Assim e designadamente, não cabe no escrutínio da perícia a verificação da possibilidade de medidas alternativas ao despedimento, susceptíveis de darem resposta adequada ao contexto de mercado, estrutural ou tecnológico que o justifica[27].

Como sucede com a demais prova pericial, a força probatória das conclusões da assessoria técnica é fixada livremente pelo tribunal [Código Civil (CC), art. 389.º], que aprecia livremente as provas produzidas, decidindo o juiz "segundo a sua prudente convicção acerca de cada facto" (CPC, art. 655.º/1).

As partes podem reagir contra o relatório pericial exercendo o direito de reclamação – apontando-lhe deficiências, obscuridades ou contradições, bem como falta de fundamentação das respectivas conclusões (CPC, art. 587.º/2) – ou requerendo a presença dos assessores na audiência preliminar, por nesta se decidirem as questões objecto do relatório (*idem*, art. 588.º, com as necessárias adaptações)[28]. Já não é admissível, no entanto, a realização de segunda perícia, procedendo o juiz à convocação de audiência preliminar logo que se mostre junto aos autos o relatório dos assessores (CPT, art. 160.º/1).

Feito este percurso, é possível concluir que a segunda razão apontada para a especialidade do processo em apreço não é momento necessário da respectiva tramitação. Basta, para isso, que não esteja em causa a apreciação da validade dos fundamentos invocados para o despedimento.

Mesmo quando a mencionada especialidade se verifica, pode questionar-se da necessidade e oportunidade da solução de antecipar a prova pericial relativamente ao momento do saneamento do processo.

---

[27] Sobre a sindicabilidade da decisão de despedimento, ver, por todos, Lobo Xavier, *op. cit.*, p. 604 e ss.

[28] A menos que nos termos expostos *infra*, em §6., seja relegado para final o conhecimento dos motivos do despedimento, caso em que os assessores devem comparecer na audiência de julgamento para aí prestarem os esclarecimentos necessários.

De facto, os assessores tenderão a limitar a sua apreciação à decisão motivada de despedimento (CT, art. 422.º/1), ignorando eventuais esclarecimentos ou aperfeiçoamentos prestados nos articulados ou, mesmo, a fixação por acordo de factos invocados naquela decisão.

Por outro lado, a solução legal em apreço potencia a dispersão de alegações, de factos e de imputações que poderiam mostrar-se ordenados, orientados e condensados se o relatório pericial fosse posterior ao saneamento do processo.

Por último, esta solução ressente-se do que tende a verificar-se com a solução processual que a justifica e de que é, claramente, instrumental. A principal vantagem de antecipar a prova pericial relativamente à fase de saneamento do processo é a de permitir e preparar a decisão final a proferir no saneador (CPT, art. 160.º/2). Ora, como adiante se verá, generalizou-se o entendimento – e a prática – de relegar para a audiência final a decisão de mérito sobre os fundamentos do despedimento, sempre que o processo não possua os elementos probatórios necessários à completa apreciação daqueles fundamentos.

Assim, a razão de ser desta segunda especialidade perde sentido útil quando, por qualquer uma das razões invocadas, na audiência preliminar não é tomada decisão de mérito sobre a verificação dos motivos do despedimento e respectiva eficácia resolutiva dos contratos de trabalho.

§6. Audiência preliminar

O terceiro e último desvio à forma processual comum que o processo de impugnação de despedimento colectivo contempla traduz-se na obrigação de conhecer algumas das causas de ilicitude do despedimento logo no saneador.

Para isso, a lei expressamente impõe a realização de audiência preliminar quando tenham sido impugnados os factos invocados pelo empregador para motivar o despedimento [cfr. CPT, art. 160.º/1 – "junto o relatório e documentos a que se referem os artigos anteriores (…)"].

O regime de realização obrigatória da audiência preliminar deve ser estendido aos casos em que não estando em causa a apreciação daqueles fundamentos, é pedida a anulação do despedimento por preterição das respectivas formalidades.

A hipótese não é contemplada na letra do art. 160.º/1 do CPT, mas deve entender-se abrangida pela estatuição deste: impondo-se ao juiz que decida, no saneador, do cumprimento daquelas formalidades [CPT, art. 160.º/2, a)], não faria sentido que a decisão fosse tomada sem consulta das partes, como é regra [CPC, art. 510.º/1, b)] e como acontece no lugar paralelo da apreciação dos motivos do despedimento [cfr. CPT, art. 160.º/2, b)].

Nos restantes casos – isto é, quando não esteja em causa a apreciação dos fundamentos nem das formalidades do despedimento – a realização da audiência preliminar fica sujeita ao critério geral do art. 62.º do CPT, ou seja, a juízo discricionário sobre a complexidade da causa.

A audiência preliminar pode ser marcada para a realização de tentativa de conciliação, para a delimitação do objecto do litígio ou para o suprimento de eventuais deficiências quanto à exposição da matéria de facto reveladas pelos articulados (cfr. CPC, art. 508.º-A/1). Porém, a prosseguir, o processo não pode ser julgado sem prévio saneamento (*idem*, art. 510.º/2), o que, *in casu*, imporia o conhecimento das formalidades e dos fundamentos do despedimento colectivo, sempre que neles se baseasse a pretensão do autor/trabalhador (CPT, art. 160.º/2 e 3).

A decisão que conheça do mérito da causa, apreciando a existência e eficácia dos motivos determinantes do despedimento e a observância das formalidades do respectivo procedimento, pode ser impugnada através de recurso de apelação (CPC, art. 691.º/1). Se o processo terminar com aquela decisão, o recurso sobe imediatamente, nos próprios autos (CPC, art. 699.º) e com efeito meramente devolutivo, salvo se for prestada caução idónea (CPT, art. 83.º/1). Se, não obstante aquela decisão de mérito, o processo houver de prosseguir, o recurso conhece subida diferida, nos próprios autos (CPC, art. 695.º/1), excepto se o recorrente alegar prejuízo considerável na retenção daquele, caso em que o recurso sobe em separado, imediatamente (CPC, art. 695.º/2). O efeito do recurso não conhece, neste caso, qualquer especialidade (cfr. CPT, art. 83.º/2). O regime é igualmente aplicável à revista do acórdão que julgue o recurso de apelação (CPC, arts. 723.º e 724.º).

A jurisprudência tem evidenciado, porém, os limites da regra de conhecimento obrigatório, no saneador, do cumprimento das formalidades essenciais do procedimento de despedimento colectivo e da existência e eficácia extintiva dos factos que lhe serviram de fundamento, sempre que estas questões tenham sido invocadas como causa de ilicitude da resolução contratual.

Colocado perante o dilema de se limitar a conhecer do pedido com base na prova – documental e pericial – constante dos autos ou aguardar pela produção de prova que confirme ou infirme matéria factual relevante na perspectiva da apreciação do pedido, o juiz deve lançar mão do princípio da adequação formal (CPC, art. 265.°-A) e relegar para final o conhecimento das questões que o preceito legal citado manda apreciar na audiência preliminar[29].

De resto, o conhecimento do objecto do processo nesta fase da respectiva tramitação sempre se afiguraria inviável em inúmeros casos. Pense-se, por exemplo, na hipótese de imputação ao empregador, em sede de petição inicial, do incumprimento do dever de informar ou de promover a negociação, a que aquele se encontra adstrito no procedimento de despedimento colectivo (cfr. CT, art. 420.°), sendo que a falta de actas das reuniões de negociação se mostra suprida pela observância do disposto no art. 422.°/4 do CT. A decisão sobre esta causa de ilicitude do despedimento [CT, art. 431.°/1, a)] quase sempre exigirá a apreciação de outra prova para além da que é admitida na fase do saneamento do processo.

Pelo que fica dito, constata-se que a terceira razão de especialidade desta forma de processo perde sentido em muitos casos. Avançando um pouco mais, dir-se-ia mesmo que o processo declarativo comum dispõe das soluções necessárias e adequadas a decisão sobre o mérito da causa na fase de saneamento do processo, quando este ofereça condições para isso e sem necessidade de imposição de *dever de decidir*, à revelia das circunstâncias do caso concreto (cfr. CPC, art. 508.°-A/1, b)].

§7. Conclusão

O percurso traçado permitiu evidenciar que os traços característicos em que assenta a especialidade do processo de impugnação de despedimento colectivo – a participação do maior número possível de trabalhadores despedidos, a precedência da prova pericial relativamente à fase de saneamento do processo e a obrigação de decisão de mérito no saneador –

---

[29] São diversos os arestos neste sentido; ver, por exemplo, os Acórdãos do Supremo Tribunal de Justiça de 8 de Outubro de 1997 (*Colectânea de Jurisprudência/STJ*, 1997, t. 3, p. 269) e do Tribunal da Relação de Lisboa de 15 de Dezembro de 2005 (recurso n.° 8779/2005-4, disponível em *www.dgsi.pt*).

apresentam âmbito de aplicação limitado, não são de aplicação necessária, não apresentam ganhos significativos em termos de celeridade processual e não impedem a realização de audiência de julgamento, mesmo para decidir da procedência dos motivos invocados para o despedimento.

São, por isso, soluções de alcance ou eficácia limitada, na perspectiva dos objectivos que presidiram à criação desta forma especial de processo declarativo. É tempo, por isso, de repensar a existência da acção de impugnação de despedimento colectivo e de uniformizar a tramitação das acções judiciais destinadas a obter a declaração de ilicitude do despedimento colectivo e do despedimento por extinção do posto de trabalho.

Lisboa, Outubro de 2006

PROCESSO DE CONTENCIOSO DAS INSTITUIÇÕES DE PREVIDÊNCIA, ABONO DE FAMÍLIA E ASSOCIAÇÕES SINDICAIS[1]

José Eusébio Almeida
Juiz de Direito / Docente do CEJ

1. Agradecimentos

Antes de mais, gostaria de cumprimentar o Ex.mo moderador e os meus ilustres companheiros de painel, onde apareço, não tanto pelo tema que me coube, mais pela desproporção do saber, como uma espécie de terminação à sorte grande que os ouvintes tiveram com os ensinamentos dos meus antecedentes. Cumprimento também os organizadores destas Jornadas, o IDT, o CEJ e o Conselho Distrital de Lisboa da Ordem dos Advogados, pela mérito inegável da ideia e pela gentileza, ainda que eivada de um certo risco, do convite que me foi formulado.

---

[1] O presente texto corresponde ao que foi dito nas Jornadas de Direito Processual do Trabalho, organização partilhada pelo Instituto de Direito do Trabalho, o Centro de Estudos Judiciários e o Conselho Distrital de Lisboa da Ordem dos Advogados e que tiveram lugar em Lisboa nos dias 16 e 17 de Março de 2006. A qualidade do evento merecia que aquilo que então foi dito fosse agora reformulado e apresentado de modo mais próprio a um trabalho escrito. A acumulação da minha actividade docente no CEJ com o trabalho diário no Tribunal não me permitiram que tal dever volvesse realidade. Optou-se, por tal razão, em deixar o texto nos moldes em que foi dito, mantendo-se algumas notas que então haviam sido escritas em apoio à oralidade.

2. Introdução

O direito processual do trabalho é um instrumento de uso tão frequente nas nossas vidas e de importância tão relevante para a afirmação do direito do trabalho que a escassez dos seu tratamento doutrinário e mesmo a sua diminuta afirmação curricular académica são circunstâncias que realçam a importância, o valor e a oportunidade destas jornadas.

Os temas que têm sido abordados nesta reunião, quer os dois que me antecederam quer os que ontem foram tratados, mormente na parte da tarde, são de uma frequência relevante no dia a dia dos tribunais do trabalho que, enquanto juiz e juiz em exercício de funções, talvez fosse capaz de dizer qualquer coisa sobre eles. Quis o programa e, mais grave, com a minha conivência, que me coubesse tratar do *Processo de Contencioso das Instituições de Previdência, Abono de Família e Associações Sindicais*, um título que dá lembranças ao século passado e sequer, aqui em concreto, no sentido próximo do século XX.

Resta-me esperar a vossa compreensão e o contributo decorrente de estar ciente de serem diminutas as expectativas.

3. Esquema de abordagem

Sabedor da aridez desta temática e da escassez do seu tratamento doutrinário e jurisprudencial, vou-me quedar por uma abordagem histórico-evolutiva, tentando dar a compreender o objecto mais relevante destas formas processuais e, acto contínuo, levantar um ou outro problema que me pareça mais premente na aplicação prática destes processos.

4. Os processos de contencioso: Origem e evolução

Os processos especiais previstos no CPT, e usando aqui a expressão no seu sentido mais amplo, são actualmente três, ou mais precisamente, se preferirmos, três capítulos, distintos dos processos declarativo e executivo e (antes) do processo penal: o processo emergente de acidentes de trabalho e de doença profissional, o processo de impugnação de despedimento colectivo e aquele que ora tratamos: o *processo do contencioso das instituições de previdência, abono de família e associações sindicais*.

Ainda que com o risco próprio do mero empirismo, ousamos dizer que, na prática dos tribunais do trabalho, o primeiro é constante, o segundo residual e o terceiro, se a expressão é consentida, quase invisível. Ainda para mais, na sua origem, que remonta ao CPT/1963, este processo, melhor dito, este capítulo de processos, constituía todo o segundo – e último – grupo de processos especiais adjectivamente previstos.

Não existindo, nessa ocasião, o processo de impugnação do despedimento colectivo, o (então) artigo 154.° iniciava o segundo ramo ou grupo de processos especiais[2] e definia a forma processual de resolução das questões contenciosas das instituições de previdência e organismos corporativos. Era então uma disposição actualizada[3] e respeitadora do

---

[2] O artigo 154.° do CPT/1963 era a disposição geral que estabelecia o critério determinativo da forma a empregar nas questões – a esse tempo – das instituições de previdência e dos organismos corporativos, esclarecendo que, se no código existisse um processo especial para o caso concreto, seria esse o processo a empregar; se o código não estabelecesse qualquer processo especial, haveria que aplicar-se o processo comum na forma sumária. Seguindo esse entendimento, o processo comum sumário funcionaria (na concreta solução das questões das instituições de previdência e dos organismos corporativos) apenas quando o código não tivesse criado para elas um processo especial. Os processos especiais criados pelo CPT/1963, justamente naquele Capítulo II, eram quatro: da convocação de assembleias gerais (artigo 155.°); da impugnação das deliberações de assembleias gerais (artigos 156.° a 159.°); das reclamações de decisões disciplinares (artigos 161.° a 163.°) e da liquidação e partilha dos bens das instituições de previdência e organismos corporativos (artigos 164.° a 173.°).

[3] No código processual que precedeu o CPT/63, a "convocação de assembleias gerais" era apenas referida (artigo 107.°) como convocação das assembleias gerais das associações de socorros mútuos (cf. Decretos-Lei 19.281, de 29.01.931, artigos 43.° e ss. e 20.944, de 27.02.932, artigo 58.°, § 3.°), passando o artigo 155.° a regulamentar a convocação de assembleias gerais ou órgãos equivalentes de todas as instituições de previdência e organismos corporativos. O projecto deste diploma (CPT/63) inicialmente só se referia à convocação de assembleias gerais, mas foi ponderado na comissão revisora, que existiam organismos que não dispunham desse órgão soberano e se alguns dos conselhos organicamente previstos (por exemplo o dos Grémios da Lavoura) tinham uma amplitude funcional que os fazia corresponder a verdadeiras assembleias gerais, outros tinham uma actividade que se lhe não podia equiparar; por isso, aditou-se a expressão órgão equivalente "de modo a tornar extensiva a estes a doutrina do preceito relativa à convocação das assembleias gerais, deixando à jurisprudência o encargo de qualificar ou moldar, frente aos casos concretos que surjam, o conceito de órgão equivalente". À reclamação contra actos e deliberações dos corpos gerentes daquelas instituições referia--se o CPT anterior nos artigos 28.° e 108.° e 109.°, estes regulamentando o recurso das deliberações tomadas pelos corpos gerentes ou pelas assembleias gerais das associações de

tempo político e social que se vivia, o tempo do corporativismo do regime político anterior ao 25 de Abril e à Constituição que a este se seguiu[4].

Depois da extinção das corporações e do Ministério com a mesma designação – que veio então a ser convertido no novo Ministério do Trabalho – e da publicação da Lei Orgânica dos Tribunais Judiciais (Lei 82/77, de 6.12, regulamentada pelo DL. 269/78, de 1.09) ainda se esperaram alguns anos por novo Código de Processo do Trabalho, tanto mais que o Decreto-Lei 537/79, de 31.12[5], fruto de sucessivas suspensões, não chegou a vigorar e, por isso, o Código de Processo do Trabalho que veio a substituir o de 1963 foi o Decreto-Lei 272-A/81, de 30 de Setembro, vigorando desde o primeiro dia do ano de 1982.

---

socorros mútuos. O CPT/63 veio permitir a "acção de invalidação" das deliberações dessas instituições, quando intentadas por quem tivesse interesse legítimo. No artigo 159.º do CPT/63 foi prevista a suspensão da deliberação impugnada, sendo esta um meio de assegurar a eficácia da decisão definitiva. Os artigos 161.º e ss. referem-se às reclamações de decisões disciplinares proferidas por instituições de previdência e organismos corporativos. Tal como hoje se deve entender, aquele regime seria de aplicação restrita aos beneficiários ou contribuintes das instituições de previdência ou de abono de família e aos sócios dos organismos corporativos e pessoas por eles representadas ou afectadas pelas decisões. A secção V, que terminava o Capítulo II do CPT/63, tratava da liquidação e partilha dos bens de instituições de previdência e organismos corporativos. Seguindo o caminho indicado pelo preceito, haveria que atender, em primeiro lugar, à lei que regula as diversas instituições e organismos corporativos, em segundo lugar, ao código (CPT/63), e em terceiro, aos estatutos e, por último, ao Código de Processo Civil.

[4] Depois da Revolução e da Constituição de 1976, a Lei 82/77 de 6 de Dezembro veio a estabelecer uma nova organização dos Tribunais Judiciais e, por expressa determinação do seu artigo 85.º, nela integrou os Tribunais do Trabalho. Como se sabe, ao tempo do CPT/63, os tribunais do trabalho não integravam a orgânica judicial; eram tribunais especiais, com as suas decisões a serem reapreciadas em sede de recurso na "secção do contencioso do trabalho e da previdência social" do Supremo Tribunal Administrativo. Com a aludida Lei 82/77, os tribunais do trabalho passaram a integrar a ordem judiciária comum, ainda que com competência especializada.

[5] O preâmbulo deste diploma não diz uma única palavra sobre os processos especiais que ora cuidamos, mas prevê-os com nome diverso nos seus artigos 161.º e ss. O primeiro preceito continua a ser a "disposição geral" dos – agora – "processos do contencioso das instituições de previdência, abono de família e organismos sindicais" e prevêem-se a "convocação de assembleias gerais" (artigo 162.º), a "impugnação das deliberações de assembleias gerais" (artigos 163.º a 167.º), as "reclamações de decisões disciplinares" (artigos 168.º a 170.º) e a "liquidação e partilha dos bens das instituições de previdência e de organismos sindicais" (artigos 171.º a 180.º).

Esse CPT/81[6] foi, portanto, o código que verdadeiramente substituiu o vigente ao tempo do corporativismo e na ocasião em que os tribunais do trabalho eram tribunais especiais, fora da ordem judiciária comum.

As alterações adjectivas operadas neste tipo de processos são nessa ocasião significativas, atentas as mudanças sociais e políticas entretanto ocorridas e o seu significado é mais evidente na medida em que o legislador do CPT actual não deu como necessárias grandes modificações. Com efeito, podemos dizer que o CPT/81, mormente com as modificações decorrentes do artigo 3.º do Decreto-Lei 315/89, de 21.09[7] não veio a ter, na parte que ora nos interessa, alterações significativas, ressalvando alguns aspectos que, numa visão necessariamente global e abrangente, nos parecem menores. Referimos, a tal propósito: 1 – estes processos seguiam anteriormente a forma sumária e agora seguem, naturalmente, os termos do processo comum, ainda que sem realização de audiência preliminar (artigo 162.º); 2 – o prazo de contestação da acção de impugnação das deliberações da assembleia geral é agora expressamente de dez dias, quando antes oito eram os previstos (artigo 165.º, n.º 2); 3 – nesta mesma acção, previa-se que, findo o prazo para a apresentação da contestação, se seguissem os termos do processo sumário, com exclusão da tentativa de conciliação e agora nada se diz, sem embargo de já se ter dito que nunca há lugar à audiência preliminar (artigo 161.º anterior e artigo 166.º e 162.º, n.º 2, actuais); 4 – na decisão do processo de impugnação judicial de decisão disciplinar, o CPT/83 expressamente permitia que se atendesse ao disposto no artigo 264.º, n.º 3 do Código de Processo Civil, ainda que as diligências de prova já efectuadas no processo disciplinar não fossem repetidas (166.º, n.º 1), nada se dizendo, a respeito, no actual artigo 172.º; 5 – por outro lado, agora o juiz declarará nulo o processo disciplinar,

---

[6] Tal como sucedera em 1979, o CPT/81 tem um preâmbulo reduzido e a única referência feita aos processos que ora se analisam consta da alínea g) do seu n.º 2: "atribui-se legitimidade às entidades outorgantes de convenções colectivas de trabalho para serem parte nas acções respeitantes à anulação e interpretação de cláusulas daquelas convenções tendo-se criado o processo correspondente".

[7] O citado artigo 3.º veio aditar o capítulo II –artigos 156.º-A e ss.– ao CPT/83, passando o anterior Capítulo II a Capítulo III e mantendo a epígrafe "Processo de Contencioso das Instituições de Previdência, Abono de Família e Organismos Sindicais". O capítulo aditado trata do "Processo de Impugnação de Despedimento Colectivo" (artigos 156.º-A a 156.º-H) que, no CPT actual (continuando como Capítulo II), são os artigos 156.º a 161.º.

quando antes se dizia que "o juiz anulará o processo disciplinar"; mais relevante, no CPT anterior o juiz, anulada a decisão por ter havido erro de direito ou de facto, ordenava "que ela fosse substituída por outra que tome em consideração os factos provados e as disposições legais aplicáveis" (166.º, n.º 3) enquanto que, no actual, pura e simplesmente o juiz anula essa decisão (artigo 172.º, n.º 2); 6 – ainda quanto a esta decisão, finalmente, no CPT anterior cabia recurso apenas para a Relação, mas "desde que a pena disciplinar tenha sido ou seja de suspensão ou superior" (artigo 166.º, n.º 4) e no actual continua a caber recurso apenas para a Relação, mas sem qualquer outra restrição (artigo 172.º, n.º 3); 7 – enquanto no artigo 167.º do CPT/83 se determinava que a liquidação e partilha de bens de instituições de previdência ou de associações sindicais se efectuava como estivesse determinado na lei e nos estatutos, "mas, quanto a estes, sempre com observância do disposto nos artigos seguintes", o CPT vigente elimina a última referência, mas acrescenta – pensamos que com o mesmo sentido – um n.º 2 ao artigo 173.º, onde se diz que "quando a liquidação e a partilha devam fazer-se judicialmente, segue-se o disposto nos artigos seguintes"; 8 – o actual artigo 174.º, n.º 2 dá competência para a participação da dissolução ao Ministério Público ou a qualquer associado, quando antes se dava essa possibilidade aos "organismos oficiais competentes" (artigo 168.º, n.º 2); 9 – os liquidatários passaram agora a ser nomeados pelo Juiz e não pelo Ministério Público (artigo 175.º, n.º 2); 10 – as acções de anulação e interpretação de cláusulas de convenções colectivas de trabalho continuam a ter expressamente valor superior à alçada da Relação e o recurso a ter efeito suspensivo, mas enquanto anteriormente seguiam os termos do processo ordinário, com exclusão da tentativa de conciliação, no CPT actual seguem "os termos do processo comum, com exclusão da audiência preliminar e da tentativa de conciliação"; 11 – a terminar, enquanto ao tempo do precedente CPT, o acórdão do STJ sobre estas questões tinha o valor de Assento e como tal era designado, tem hoje "o valor ampliado da revista em processo civil" (artigo 186.º).

Em resumo, e antes de descermos às formas processuais concretamente previstas, podemos dizer que desde o regime corporativo aos tempos actuais, os processos especiais que ora analisamos não mudaram muito, além das alterações imperiosas decorrentes da modificação das concepções sociais e políticas e sem prejuízo do novo processo especial consagrado com o CPT/83 e desde então existente: a acção de anulação e interpretação de cláusulas de convenções colectivas de trabalho.

Assim, e sem embargado de pontuais alterações a que supra se fez referência, desde o primeiro Código de Processo do Trabalho que substituiu o de 1963 até ao tempo actual, existem cinco processos especiais englobados na designação genérica de Processos do contencioso das Instituições de Previdência, Abono de Família e Organismos Sindicais. São eles:

a) Convocação de assembleias gerais;
b) Impugnação das deliberações de assembleias gerais;
c) Impugnação judicial de decisão disciplinar;
d) Liquidação e partilha dos bens de instituições de previdência ou de associações sindicais;
e) Acção de anulação e interpretação de cláusulas de convenções colectivas de trabalho.

É sobre eles, agora de modo mais concretizado e específico, que cabe dizer algumas palavras.

5. Os diversos processos e algumas questões relativas à sua aplicação.

Antes de entrarmos na análise, necessariamente breve, de alguns dos problemas que os concretos processos especiais previstos neste Capítulo III nos colocam, importa dar nota da alteração relevante do conjunto de Instituições objecto dos mesmos, já que o actual artigo 162.º, tendo embora deixado de falar nos organismos corporativo[8], manteve as

---

[8] Conforme decorre do preâmbulo do DL. 443/74, de 12.09, a Revolução de 1974 operou uma viragem histórica onde assumiu importância "a extinção progressiva do sistema corporativo e a sua substituição por um aparelho administrativo adaptado às novas realidades políticas, económicas e sociais". Antes, Portugal era, de acordo com o que previa o artigo 5.º da Constituição de 1933, uma República Unitária e Corporativa e a realização desse destino corporativo conseguiu-se com a criação de diversos organismos, dos quais destacamos: as Comissões Reguladoras e Institutos (coordenação económica) – DL. 28.757, de 8.07.936; as Casas do Povo e as Casas dos Pescadores (cooperação social) e os Organismos Corporativos, propriamente ditos: Grémios representativos das entidades patronais (DL. 23.049, de 23.09.933), Sindicatos nacionais representativos de trabalhadores (DL. 23.050, de 23.09.933), Ordens – Sindicatos representativos dos médicos, advogados, engenheiros, etc. e Câmaras – Sindicatos representativos dos solici-

instituições de previdência e abono de família, à primeira vista como se se tratasse de uma realidade com a relevância que outrora teve. A este propósito, diremos algumas palavras, essencialmente concordantes com o evoluir legislativo.

Depois da criação de algumas caixas de pensões ou de reforma nos finais do século XIX, o sistema de segurança social português, aqui em sentido muito amplo, viu ser instituída a responsabilidade patronal por acidentes de trabalho (Lei n.º 83, de 24.07.913), a criação de um conjunto de seguros obrigatórios em 1919, o estatuto geral de previdência (Lei n.º 1884, de 16.03.935), como realização dos princípios do Estatuto do Trabalho Nacional (DL. 23.048, de 23.09.933), a regulamentação do funcionamento das Caixas Sindicais de Previdência (Decreto 25.935, de 12.10.935), um novo regime dos acidentes de trabalho com a Lei 1.942, de 27.07.936, a regulamentação e estruturação do funcionamento das Caixas de Reforma ou Previdência (Decreto 28.321, de 27.12.937) e a atribuição de funções de previdência às casas dos Pescadores (Lei 1956, de 11.03.937); a obrigatoriedade de seguro para os meios rurais através das Casas do Povo (DL. 30.710, de 29.07.940) e a generalização do seguro social relativamente aos trabalhadores da indústria e dos serviços (Decreto 32.674, de 20.02.943). Depois desta primeira fase, a Lei 2.115, de 18.06.962 faz a integração dos objectivos e realizações da previdência no plano de política social, o Decreto 45.266, de 23.09.963 aprova o regulamento geral das Caixas Sindicais de Previdência, a Lei 2.127, de 3.08.965 consagra um novo regime de acidentes de trabalho e doenças profissionais e, no mesmo ano, pelo Decreto 46.548, de 23.09, é aprovado o Regulamento Geral das Caixas de Reforma ou de Previdência; finalmente, com a Lei 2.144, de 29.05.969, dá-se a reorganização da previdência rural.

Era este o quadro existente ao tempo do CPT/63.

Nele, e de acordo com a já citada Lei 2.115, as instituições de previdência social eram de inscrição obrigatória ou facultativa. As primeiras eram as Caixas Sindicais de Previdência (Caixas de Previdência e Abono de Família, Caixas de Pensões e Caixas de Seguros), as Casas do Povo e as Casas dos Pescadores e, numa segunda categoria, as caixas de

---

tadores, despachantes, etc. O fim do corporativismo veio a assegurar aos trabalhadores e aos empregadores o direito de associação, de acordo com princípios como os da liberdade de constituição, de inscrição, de organização e de independência.

Reforma ou de Previdência. As de inscrição facultativa, por seu turno, eram de duas categorias: as Associações de Socorros Mútuos e as Instituições de Previdência do funcionalismo público civil ou militar e demais pessoal do serviço do Estado e dos corpos administrativos, criadas ao abrigo de diplomas especiais.

O quadro institucional precedente foi, com é conhecido, profundamente alterado.

Primeiro, foi constitucionalizado o direito à segurança social (artigo 63.º da CRP de 1976); o DL. 549/77, de 31.12 lançou as bases de um sistema unificado e generalizado de segurança social[9] e criou os Centros Regionais de Segurança Social, sistema que a Lei 28/84 (Lei de Bases da Segurança Social) prosseguiu, não deixando de prever o recurso contencioso para os tribunais administrativos (artigos 40.º e 47.º) e para os tribunais fiscais (artigo 46.º)[10]. As casas do povo, por seu turno, deixaram a roupagem corporativa com o DL. 737/74, de 23.12 e perderam o seu carácter institucional com o DL. 246/90, de 27.07, passando a simples associações particulares[11], enquanto as associações mutualistas foram reconhecidas como instituições particulares de solidariedade social[12].

Por último, a Lei de Bases da Segurança Social mais recente veio prever o acesso aos tribunais administrativos nos casos de recurso contencioso (artigo 72.º) e prevê no seu artigo 126.º a manutenção

---

[9] Assente nos princípios da integração, descentralização e participação e voltado para a protecção dos que se encontrem em situação de falta ou diminuição de meios de subsistência e dos que se encontrem em situação de falta ou diminuição de capacidade para o trabalho (no primeiro caso adoptando um critério assistencialista; no segundo um critério laboralista, aqui contemplando apenas os trabalhadores afectados total ou parcialmente na sua capacidade para o trabalho).

[10] O artigo 79.º desta lei, de todo o modo, dizia que "até á sua integração no sistema de segurança social as instituições de previdência criadas anteriormente à entrada em vigor do Decreto-Lei 549/77, de 31 de Dezembro, ficam sujeitas, com as adaptações necessárias, às disposições da presente lei e à legislação dela decorrente". Neste enquadramento, o acórdão do STJ de 11 de Maio de 1984, veio reconhecer que os "centros de segurança social, dadas as funções que lhe estão cometidas, são instituições de previdência a que se refere a legislação anterior".

[11] O próprio artigo 1.º do citado Decreto-lei 246/90 impõe que na constituição e extinção das casas do povo (e no consequente destino dos seus bens) se sigam as normas aplicáveis do Código Civil.

[12] Decreto-Lei 72/90, de 3 de Março.

autónomas das instituições de previdência criadas anteriormente à entrada em vigor do Decreto-lei n.º 549/77, com os seus regimes jurídicos e formas de gestão privativas, ficando subsidiariamente sujeitas às disposições da nova lei e à legislação dela decorrente, com as necessárias adaptações.

Feita esta resenha, dela podemos retirar, segundo pensamos, a competência meramente residual dos tribunais do trabalho nesta matéria e a necessidade de a avaliar caso a caso, segundo as normas que regem cada uma das instituições onde o conflito ocorra. Daí que o artigo 85.º, alínea i) da LOFTJ tenha atribuído a competência de que agora cuidamos, mas salvaguardando a "competência própria dos tribunais administrativos e fiscais".

Vejamos de imediato alguns aspectos relevantes dos concretos processos especiais previstos neste terceiro capítulo do Código de Processo do Trabalho.

O primeiro dos processos previstos é o da <u>Convocação de Assembleias Gerais</u>.

Refere-se à Assembleia Geral, propriamente dita, ou a órgão equivalente. A expressão órgão equivalente surgiu entre o Projecto do Código de 1963 e o seu texto definitivo, quando se ponderou que alguns organismos podiam não dispor de Assembleia Geral ou sequer dispor de um outro órgão que, atenta a sua amplitude funcional, se lhes pudesse directamente equivaler. A expressão tem, por isso, o sentido e o alcance de tornar abrangidos na possibilidade de convocação judicial esses órgãos menores.

Caberá indagar, em cada caso concreto, o conceito de órgão equivalente, naturalmente olhando a lei disciplinadora da Instituição. Note-se, de todo o modo, que a origem do preceito ocorre aquando da coexistência, a par das assembleias gerais, dos conselhos-gerais, e estes órgãos, existentes nas chamadas "instituições de previdência" foram abolidos, parecendo que hoje em dia a expressão carece de real sentido prático.

A pretensão tem de ser formulada por quem tenha legitimidade, segundo a lei e os estatutos, ou seja, por quem podia pedir a convocação extrajudicialmente, isto é, independentemente deste processo específico. Com efeito, a lei regula a falta de convocação, o que pressupõe uma prévia recusa ou omissão (legal ou estatutária) relevante.

Se a recusa ao requerente ou requerentes é também condição de legitimidade já nos parece mais duvidoso, porquanto esta pode decorrer apenas da constatação objectiva da não convocação da assembleia quando esta se mostre obrigatória ou da recusa a outro, igualmente em condições de legitimidade. Se assim se entender, o requerente apenas tem de demonstrar que legal ou estatutariamente a assembleia já devia sido convocada ou que já foi recusada essa convocação.

Perante o requerimento, o juiz tem duas possibilidades: infere a pretensão ou ordena a convocação.

O primeiro caso ocorrerá quando falte a legitimidade ou quando careça de fundamento a pretensão, uma e outra analisada substantivamente, ou seja, em face da lei e dos estatutos.

O segundo caso dar-se-á quando o juiz entenda que, face aos elementos documentais carreados pelo requerente, ele tem legitimidade e se verificam as condições legais ou estatutárias da convocação. Neste caso, o juiz ordena à entidade que segundo a lei[13] e os estatutos tem competência para a convocação da assembleia geral que a convoque ou que, no prazo de dez dias, dê a razão da sua não convocação.

A convocação da assembleia geral obedece a requisitos de prazo que colocam a sua realização em tempo posterior aos aludidos dez dias, mas estes apenas se referem à justificação da recusa. Parece que a convocação deve ser decidida no mesmo tempo, independentemente da ocasião posterior da realização da assembleia geral e que a instituição ou organismo deve informar o tribunal. Se tal não suceder, ainda assim, deve o juiz certificar-se da não convocação, antes de determinar a realização da assembleia. Esta determinação judicial, com efeito, só deve acontecer se a convocação não foi feita nem a justificação apresentada ou quando, tendo-o sido, foi considerada improcedente.

Se o organismo justifica a não convocação, há que apreciar as razões apresentadas, isto é, apurar se a justificação é de admitir. Se houve convocação ou a razão da não convocação é considerada justificada, o processo finda. Se assim não for, o tribunal substitui-se à entidade competente e processo ele mesmo à convocação (ficando as despesas a cargo do organismo respectivo). O tribunal fixa a data e o local da reunião, podendo

---

[13] Segundo o artigo 173.º, n.º 1 do CC a Assembleia Geral deve ser convocada pela administração nas circunstâncias fixadas pelos estatutos e, em qualquer caso, uma vez por ano para aprovação do balanço.

este ser o previsto nos estatutos ou diverso deste e pode, ainda nomear a pessoa que presidirá à mesa da assembleia.

O segundo processo é o de impugnação das deliberações de assembleias gerais.

Trata-se de deliberações de assembleia ou geral ou de órgão equivalente, no sentido já referido atrás. A pretensão formulada há-se ser a de declaração de invalidade da deliberação, resulte esta de ter havido violação, formal ou de fundo da lei geral ou violação da lei especial, isto é, dos estatutos[14].

A acção tem de ser intentada em vinte dias, contados desde que o interessado teve conhecimento da deliberação, mas nunca depois de terem decorrido cinco anos sobre esta. Há, no entanto, uma regra para as deliberações electivas: o prazo é de quinze dias e conta-se a partir da data da sessão em que foi tomada a deliberação, ou seja, deixa de ser relevante a ocasião, eventualmente diferente, do conhecimento (pelo interessado) da deliberação.

Este prazo, salvo melhor entendimento e ainda que se refira à propositura de uma acção, deve entender-se como um prazo de caducidade, tendo em vista o fim legalmente pretendido com a duração do direito à impugnação. Mais do que a negligência do titular deste direito, parecem ser razões objectivas de certeza jurídica as que motivaram o legislador a estabelecer prazos tão diminutos.

Por outro lado, a entender-se assim a razão determinante do prazo, igualmente pensamos que a caducidade está aqui excluída da disponibilidade das partes, levando à possibilidade da sua apreciação oficiosa[15].

Recebido o processo em juízo e não sendo caso de indeferimento ou de despacho de correcção[16], é citado o réu que pode contestar no prazo de

---

[14] A ilegalidade implica, por isso, um conflito ou oposição entre a deliberação tomada, de um lado e, do outro, a lei ou os estatutos. Não se exige dano, enquanto elemento necessário para a declaração de invalidade da deliberação, mas o dano já é elemento a considerar para a suspensão da deliberação, quer esta seja ordenada no momento inicial quer o seja após a contestação.

[15] No mesmo sentido Alberto Leite de Ferreira, CPT anotado, 4.ª edição, pp. 711

[16] Porquanto é aplicável o processo comum e há despacho liminar. Nos termos do artigo 54.º, n.º 1, "recebida a petição, se o juiz nela verificar deficiências ou obscuridades, deve convidar o autor a completá-la ou esclarecê-la...".

dez dias e deve apresentar documento comprovativo do teor da deliberação, se este documento não foi junto, desde logo, com a petição inicial. A própria lei impõe que o réu junte esse documento, mesmo que não conteste. Por ser assim, o réu deve ser expressamente citado nesses termos.

Tem-se entendido que a não contestação não acarreta cominação, mas este entendimento era resultante, se bem percebemos, dos dizeres constantes do CPT/81 que esclarecia o seguinte: "a partir da contestação, ou findo o prazo para a sua apresentação, seguem-se os termos do processo sumário, com exclusão da tentativa de conciliação". Hoje em dia, no entanto, o preceito diz singelamente que o réu pode contestar e que, mesmo que não conteste, deve enviar os documentos a tribunal. Sem embargo, mas – acrescentamos – sem certeza, não pensamos que essa seja a actual melhor doutrina (o que, tendo em conta o que referem os comentadores mais conceituados dizemos com alguma temeridade e com todo o respeito). Ou seja, o efeito cominatório previsto no artigo 57.º (processo comum, aplicável por força da previsão do artigo 162.º, ambos do CPT actual) não pressupõe, em termos de consagração legal expressa, uma citação ou notificação específica, ainda que ela deva ser feita: ele funciona se o réu não contestar, tendo sido ou devendo considerar-se regularmente citado (melhor se dirá: notificado) na sua própria pessoa. Isto é, parece já não resultar dos dizeres deste processo especial que não há efeito cominatório e, por outro lado, deixou de existir a condenação de preceito, havendo sempre lugar ao julgamento da causa conforme for de direito (parte final do artigo 57.º, n.º do CPT). Naturalmente, mas isso é coisa diversa, se não nos encontrarmos perante qualquer das excepções previstas no artigo 485.º do CPC.

O artigo 167.º, por seu turno, estabelece que o recurso da sentença tem efeito suspensivo. A referência à sentença indica que a decisão de que se recorre conheceu o fundo da causa e portanto trata-se aqui de uma excepção à regra do processo declarativo comum, prevista no artigo 83.º, segundo a qual a apelação tem efeito meramente devolutivo, sem necessidade de declaração. A razão de ser do preceito prende-se com a própria natureza do direito exercido: não pretende a lei a execução de uma decisão contrária à deliberação da instituição ou organismo, antes da certeza de uma decisão definitiva.

O artigo 168.º, por seu turno, tem uma clara natureza cautelar impondo ao julgador, para que decrete a suspensão da deliberação, a conclusão, em sede de juízo de probabilidade, que esta está viciada (legal ou estatutariamente viciada) e ainda que da sua execução pode resultar dano, mas dano apreciável.

Trata-se de uma providência cautelar incidental, necessariamente requerida na petição inicial e que pode ser ordena pelo juiz com ou sem audiência da parte contrária; dito de outro modo, se o juiz não considerar como seriamente provável o perigo de dano resultante da execução da deliberação (desde logo, naturalmente, com os elementos trazidos pela petição), deverá ouvir a parte contrária, o que aqui significa a sua citação e a decisão sobre a suspensão requerida em momento posterior à contestação.

A propósito desta providência, outra questão se pode colocar: a sua existência afasta a faculdade de recurso ao procedimento nominado previsto no artigo 396.º e seguintes do CPC (suspensão de deliberações sociais) que se prevê ele mesmo aplicável às associações e às sociedades?

O artigo 47.º do CPT prevê a possibilidade de aplicação ao foro laboral dos procedimentos cautelares especificados regulados no Código de Processo Civil e, por isso, a questão pode colocar-se. Entendemos, no entanto, que as associações previstas naquele normativo processual civil não compreendem aquelas (instituições de previdência e associações sindicais) relativamente às quais se aplica o artigo 168.º, ou seja, a especificidade da previsão laboral exclui o recurso ao procedimento processual civil[17].

Ainda dentro desta forma processual, o artigo 169.º prevê que este mesmo processo seja utilizado para os casos em que do acto de qualquer (outro) órgão, que não a assembleia geral ou equivalente, não possa ser interposto recurso interno. Perante o normativo, sempre será preciso verificar se na associação ou instituição existe órgão que possa apreciar o acto impugnando e nesse caso a impugnação tem de ser feita por via de recurso para ele; caso não existe esse órgão, valerá esta acção de declaração de invalidade.

O terceiro tipo processual é a <u>impugnação judicial de decisão disciplinar</u>, antes chamada "reclamações de decisões disciplinares".

---

[17] Cf. Abrantes Geraldes, *Temas da Reforma do Processo Civil*, Tomo IV, p. 69, nota 82.

A este propósito só duas notas:

1 – Tem sido algo frequente o uso deste processo em casos em que o empregador, qualquer que ele seja, aplica ao seu subordinado sanção disciplinar diversa do despedimento. Quando assim sucede, entendemos que se trata de um erro na forma do processo, porquanto se utiliza indevidamente o processo especial quando o adequado será o processo declarativo comum. Esta conclusão é idêntica mesmo quando o arguido, a pessoa sancionada, seja um trabalhador da instituição de previdência ou do organismo sindical, embora aqui seja mais compreensível a dúvida.

2 – Ou seja, o âmbito desta processo especial restringe-se aos beneficiários e associados das instituições e organismos em causa. No fundo, estamos aqui em sede de adjectivação da competência prevista nas alíneas i) e j) do artigo 85.º da Lei de Organização e Funcionamento dos Tribunais Judiciais[18].

Agora, mesmo a terminar, e porque na parte da tarde teremos – por quem melhor sabe – a acção de anulação e interpretação de cláusulas de convenções colectivas de trabalho, dizemos que o processo previsto nos artigos 173.º a 182.º (ao qual se aplica, em tudo o que não esteja previsto o processo especial de liquidação judicial regulado no Código de processo Civil[19]), o chamado processo de liquidação e partilha dos bens de instituições de previdência ou de associações sindicais, é tão mesmo só isso, ou dito de outro modo, só para isso e porque tem que ser feita judicialmente.

Não se confunde, no entanto, com os casos de extinção das associações que, quando ocorra por decisão judicial, deve ser feita nos termos do Código Civil e do Decreto-Lei 594/74 e feita igualmente no tribunal (comum) cível, que não no tribunal (especializado) do trabalho.

Penso que já vos macei em excesso e, porque a deliberação está cumprida, escoa-se-vos a possibilidade de suspensão. Aguardo a censura da invalidade, em sentido estrito.

Muito obrigado pela vossa disponibilidade.

---

[18] Lei 3/99. Alínea i): "Das questões entre instituições de previdência ou de abono de família e seus beneficiários, quando respeitem a direitos, poderes ou obrigações legais, regulamentares ou estatutárias de umas e outros, sem prejuízo da competência própria dos tribunais administrativos e fiscais". Alínea j): "Das questões entre associações sindicais e sócios ou pessoas por eles representados ou afectados por decisões suas, quando respeitem a (...)".

[19] Artigos 1122.º a 1130.º do CPC.

RECURSOS EM PROCESSO LABORAL[1]

MARIA JOSÉ COSTA PINTO
Juiz de Direito

1. Razão de ordem

A dimensão do tema que nos foi proposto e a limitação temporal que naturalmente coenvolve a comunicação a efectuar numas Jornadas como as presentes, implicou a necessidade de algumas opções quanto ao conteúdo da comunicação.

Assim, e desde logo, não pretende a mesma constituir um estudo exaustivo e teórico sobre a problemática dos "Recursos em Processo Laboral", nem aborda todas as suas fases (de interposição, expedição e julgamento), direccionando-se apenas para alguns aspectos, essencialmente no âmbito da primeira fase, que se nos afiguraram de maior relevo.

A aferição desta maior relevância, por sua vez, resultou da constatação, na prática judiciária, da existência de algumas áreas em que os processos revelam alguma dificuldade de quem neles labora em apreender as especificidades da tramitação dos recursos neste campo processual específico. E, sobretudo, resultou da consideração de que naqueles

---

[1] O presente texto corresponde, na sua essencialidade, a uma comunicação efectuada nas Jornadas de Direito Processual do Trabalho que tiveram lugar na Faculdade de Direito da Universidade de Lisboa nos dias 16 e 17 de Março de 2006. Acrescentaram--se referências doutrinárias e jurisprudenciais e desenvolveram-se, em alguns pontos, as considerações expendidas.

casos em que mais frequentemente são proferidas as chamadas decisões "formais"[2], poderá ser útil chamar a atenção para algumas particularidades do regime processual, cujo adequado entendimento e observação (e, quem sabe, no futuro, alteração), poderá minorar o – por vezes excessivo – número de situações em que são proferidas aquelas decisões e, consequentemente, potenciar a efectiva realização, nos litígios cuja resolução as partes confiam ao Tribunal do Trabalho, de um dos princípios essenciais que enformam o processo civil, e que se sente com particular intensidade no processo laboral: o princípio da prevalência da justiça material.

Finalmente, é bom precisar que estas palavras se destinam a quem labora na 1.ª instância e às partes que litigam na fase de recurso e que, por isso, não serão abordadas em toda a sua extensão as fases do recurso posteriores à admissão (cujo regime é, essencialmente, o do processo civil), excluindo-se os actos judiciais e do Ministério Público a praticar nos tribunais superiores.

Uma excepção se fará a final, com uma breve abordagem aos poderes da Relação e do Supremo Tribunal de Justiça (STJ) em matéria de facto, cujo exercício se processa já na fase do julgamento do recurso.

Assim, e porque a nossa "posição funcional" no universo jus-laboral também condiciona a razão de ordem da exposição, analisar-se-ão algumas questões que se colocam no momento da prolação do despacho de admissão do recurso, a saber:

– da arguição de nulidades (art. 668.º do CPC e 77.º do CPT)
– da admissibilidade do recurso (arts. 79.º do CPT e 678.º e 679.º do CPC);
– da tempestividade da interposição (art. 80.º do CPT);
– da legitimidade do recorrente (arts. 680.º e 778.º do CPC);
– do modo de interposição do recurso e da observância dos requisitos formais com ele relacionados (art. 81.º do CPT).

E, após uma breve alusão aos efeitos dos recursos, far-se-á a aludida referência aos poderes dos tribunais superiores em matéria de facto.

---

[2] Como diz julgar Albino Mendes Baptista, in *Estudos sobre o Código do Trabalho*, Coimbra, 2004, p. 190, e efectivamente sucede, "nenhum juiz pode ficar satisfeito quando faz justiça formal".

2. Da arguição de nulidades

2.1. Indissoluvelmente ligada à interposição de recurso, encontra-se a problemática da arguição de nulidades da sentença, cujos fundamentos se mostram enunciados no art. 668.º do CPC.

No processo laboral, só se a parte não pode (como no processo civil) ou não quer recorrer, é que a arguição de nulidades da sentença é feita em requerimento dirigido ao juiz que a proferiu (art. 77.º, n.º 2 do CPT).

Interpondo recurso, a parte tem que arguir as nulidades da sentença – vg. por contradição entre os fundamentos e a decisão, falta de fundamentação (de direito ou de facto), omissão de pronúncia e condenação em quantidade maior ou objecto diverso do pedido[3] – "*expressa e separadamente no requerimento de interposição de recurso*" (n.º 1 do preceito).

Esta imposição legal, inspirada em razões de economia e celeridade processuais, tem por fim facilitar a apreensão pelo juiz recorrido das nulidades invocadas no requerimento que lhe é dirigido, nos termos do n.º 3 do referido art. 77.º, e habilitá-lo a proceder eventualmente ao seu suprimento (sem prejuízo de o tribunal superior também sobre elas se pronunciar).

2.2. Em consonância com esta especialidade estabelecida pela lei processual laboral, a jurisprudência do Supremo Tribunal de Justiça tem considerado pacificamente que não deve ser conhecida pelo tribunal "*ad quem*" a nulidade da **sentença** em processo laboral que não foi arguida no requerimento de interposição de recurso, mas apenas nas respectivas alegações, por extemporânea[4].

---

[3] A arguição de nulidade prevista no art. 668.º do CPC é também meio processual próprio para reagir contra a nulidade por omissão de contraditório (art. 201.º do CPC) antes da condenação no acórdão do STJ em prestações não peticionadas ao abrigo do disposto no art. 74,.º do CPT, uma vez que apenas com o conhecimento do acórdão o requerente teve conhecimento da omissão do acto que sustenta dever ter sido praticado (art. 3.º do CPC), sendo com a própria prolação do acórdão que se consuma a alegada omissão. Neste sentido foram proferidos os Acórdãos do STJ de 2004.12.02 (Revista n.º 3775/03) e de 2003.10.01 (Revista n.º 1705/03), ambos da 4.ª Secção.

[4] Vide, entre outros, os Acórdãos do STJ de 2005.11.23 (Revista n.º 2129/05), de 2004.09.22 (Revista n.º 1743/04), de 2004.05.05 (Revista n.º 14/04), de 2004.01.20 (Revista n.º 1399/03), de 2003.06.04 (Revista n.º 3304/02), de 2003.05.03 (Revista n.º 4546/02), de 2003.01.29 (Revista n.º 455/02), de 2003.01.29 (Revista n.º 3497/02), de

E tem igualmente considerado que a mera indicação no requerimento de interposição de recurso das normas processuais civis nas quais está prevista, em abstracto, a nulidade que se pretende invocar, sem a concreta substanciação das razões do arguente, não satisfaz a obrigação legal em análise, uma vez que não permite adivinhar as razões concretas por que o recorrente considera terem as mesmas sido violadas na peça processual cuja nulidade é invocada e, mesmo em abstracto, poderá a invocação nesses termos abranger uma vasta panóplia de hipóteses[5].

Parte esta jurisprudência do pressuposto de que o requerimento e as alegações constituem peças processuais distintas, com destinatários diversos, ainda que constem do mesmo documento[6], e da consideração de que o tribunal recorrido, sem conhecer as razões do arguente expressas no único requerimento que lhe é dirigido – o requerimento de interposição de recurso –, não pode pronunciar-se sobre tais razões e, sendo caso disso, suprir a arguida nulidade.

Tem ainda decidido o STJ (embora aqui sem unanimidade dos Srs. Conselheiros que compõem a Secção Social), que o regime legal fixado pelo n.° 1 do art. 77.° do CPT é igualmente aplicável à invocação de nulidades do acórdão da Relação, face ao preceituado no art. 716.°, n.° 1 do CPC, devendo a remissão feita para o art. 668.° do mesmo código ser considerada, também, como realizada para o citado n.° 1 do art. 77.° do CPT.

É discutível se se justifica esta exigência legal da arguição da nulidade no requerimento de interposição de recurso.

2003.02.26 (Revista n.° 1915/0), de 2003.04.02 (Revista n.° 4539/02), de 2003.04.02 (Revista n.° 2245/2000), de 2002.07.04 (Revista n.° 1411/02), de 2002.04.10 (Revista n.° 1198/01), de 2002.09.25 (Revista n.° 3248/01), de 2002.07.04 (Revista n.° 1411/02), de 2002.03.20 (Revista n.° 3720/01), de 2000.05.16 (Revista n.° 343/99), todos da 4.ª Secção e de 1999.04.14 (in Ac. Doutrinais 456.°, p. 1628).

[5] Como se decidiu nos Acs. do STJ de 2002.02.20 e de 2005.04.20 (Revs. n.° 1963/01 e 379004, ambas da 4ª Secção), atendendo à razão de ser da exigência do art. 72, n.°1, do CPT de 81 (habilitar o tribunal *a quo*, a quem o requerimento de interposição de recurso é dirigido, a suprir a nulidade), *"a arguição só se poderá considerar adequadamente formulada se contiver a explanação dos factos que, no entender do recorrente, consubstanciam tais vícios"*, não bastando a mera referência ao *nomen juris* da nulidade arguida ou à norma que a define. Neste sentido também os Acórdãos do STJ de 2004.12.14 (Revista n.° 2169/04) e de 2004.03.03 (Revista n.° 2731/03), ambos da 4.ª Secção.

[6] Vide o Ac. do STJ de 2005.03.10 (Revista n.° 4457/04, da 4.ª Secção).

A quantidade muito impressiva de casos em que o STJ deixou de conhecer, vg, de omissões de pronúncia, por ser a inerente nulidade arguida apenas nas alegações de recurso, considerando extemporânea esta arguição por não observado aquele formalismo processual, deverá fazer-nos ponderar se, o que se destina apenas a permitir uma mais fácil apreensão da arguição pelo tribunal *a quo,* constituindo também um formalismo que passa demasiadas vezes despercebido às partes (pelo menos no que diz respeito ao recurso de revista), não vem afinal a potenciar soluções que, em obediência à forma, não analisam o fundo e a traduzir-se, deste modo, num escolho importante à realização da justiça material.

Deverá pois questionar-se se esta especialidade do direito processual laboral se justifica *de iure condendo (*não somos os primeiros a fazê-lo[7]*),* ou se esta especialidade não será avessa ao propósito expresso pelo legislador no preâmbulo do CPT/99 de incutir nos profissionais do foro maior segurança quanto aos procedimentos a adoptar, tanto mais que no processo civil comum o juiz *a quo* tem igualmente a possibilidade de suprir a nulidade antes da subida do recurso (n.º 4 do art. 668.º do CPC), e não se exige ao recorrente que a invoque sob aquele rigoroso formalismo processual.

2.3. Impõe-se ainda uma referência à parte final do n.º 3 do art. 77.º do CPT, de acordo com o qual "*o juiz pode sempre suprir a nulidade antes da subida do recurso*".

Estabelece em termos similares o n.º 4 do art. 668.º do CPC, ao dispor que é "*lícito ao juiz*" suprir a nulidade da sentença arguida em recurso dela interposto.

Coloca-se a este propósito a questão de saber se o juiz *a quo* tem sempre que se pronunciar sobre a arguição de nulidades que o recorrente venha a efectuar (seja para as suprir, seja para declarar que as mesmas se não verificam), ou se apenas deve proferir despacho sobre a matéria no caso de entender dever suprir a nulidade.

Parece questão de pouca monta, mas a realidade dos processos mostra que o não é, sendo que uma maior clareza do legislador evitaria dúvidas susceptíveis de potenciar o arrastamento dos autos com o nascimento de novas controvérsias e o consequente atraso da decisão final de

---

[7] Assim o defendeu a Dra.ª Adelaide Domingos nas "Notícias de Jurisprudência" publicadas no Prontuário do Direito do Trabalho, n.º 70, Jan.-Abril de 2005, p. 46.

mérito nos processos em que as mesmas se verificam. São possíveis (e chegaram a verificar-se) situações em que, após o tribunal *a quo* proferir decisão a concluir pela inexistência das invocadas nulidades, o recorrente veio a interpôr recurso também desta segunda decisão[8], bem como situações em que se desenhou a possibilidade de o tribunal superior ordenar a remessa dos autos ao inferior que nada dissera quanto à aludida arguição, para este expressamente se pronunciar sobre esta matéria.

De *lege data*, entendemos que a norma em causa deve interpretar-se no sentido de que, ao estabelecer que "*o juiz pode sempre suprir a nulidade antes da subida do recurso*", confere ao julgador *a quo* a possibilidade de suprir a nulidade antes da subida do recurso, mas não impõe que o faça, podendo até significar o silêncio do tribunal *a quo* o entendimento de nada haver a suprir[9].

Como é comummente afirmado, esta norma – e também o n.º 4 do art. 668.º do CPC, que confere igual faculdade, possibilitando ao juiz o suprimento de nulidade que haja cometido – visa uma manifesta finalidade de economia processual em casos em que a ocorrência da nulidade não é muito duvidosa[10].

Perante este desiderato e o teor literal da norma é inequívoco que o tribunal "*a quo*" pode julgar procedente a arguição, completando ou alterando a sentença em conformidade.

---

[8] Como sucedeu na Revista n.º 255/05 da 4.ª Secção, em que o STJ, por acórdão de 2005.11.16, considerou irrecorrível o acórdão do Tribunal da Relação que versou sobre a arguição de nulidade de anterior acórdão proferido pela mesma Relação, indeferindo-a. O n.º 2 do art. 670.º não é inequívoco quanto à abrangência da hipótese de decisão do tribunal que indefere a arguição de nulidade nas irrecorribilidades que estabelece. Afigura--se-nos contudo que deverá sustentar-se a irrecorribilidade da mesma na medida em aquela decisão está contemplada no n.º 1 do preceito. Como referem Lebre de Freitas, Montalvão Machado e Rui Pinto (In "Código de Processo Civil Anotado", Coimbra, 2001, vol 2.º, p. 676, em anotação ao art. 670.º), "*a decisão do juiz sobre a nulidade, o esclarecimento ou a reforma, ou ainda sobre o pedido de rectificação de erro material (art. 667.º) não é passível de recurso quando seja de indeferimento. O preceito exclui o recurso que tenha por objecto a decisão de indeferimento, não prejudicando o recurso da sentença de que se tenha reclamado.*"

[9] Vide, assim considerando, o Ac. do STJ de 2004.10.07 (Revista n.º 1002/04, da 4ª Secção)

[10] Como referem Lebre de Freitas e Armindo Ribeiro Mendes, in *Código de Processo Civil, Anotado*, vol. 3.º, p. 671. Vide também o Ac. do STJ de 98.04.23 (BMJ 476/297).

Não nos parece, todavia, que esteja obrigado a pronunciar-se sobre as arguidas nulidades quando entenda que as mesmas se não verificam.

Diferentemente sucede no despacho de sustentação ou reparação do agravo previsto no n.º 1 do art. 744.º do CPC, em que o legislador estatui em termos substancialmente distintos, dissipando quaisquer dúvidas que se pudessem colocar quanto a saber se era imperativo para o juiz "*a quo*" tomar posição sobre o agravo, e resolvendo-as claramente em termos afirmativos ao impôr que a omissão deste despacho seja sindicada pelo relator do tribunal "*ad quem*", que "*mandará baixar o processo*" para o efeito[11] (n.º 5).

De *lege ferenda*, atrevemo-nos a adiantar que talvez fosse preferível libertar o tribunal *a quo* da apreciação da arguição de nulidades relativamente ao seu acto decisório, <u>sempre que seja interposto recurso deste</u>, excepção feita, por razões evidentes, à nulidade prevista na al. a) do n.º 1 do art. 668.º.

Não se justifica, a nosso ver, impôr ao tribunal que alegadamente cometeu a nulidade a obrigação de apreciar os vícios que imputam à sua decisão quando da mesma é interposto recurso, mesmo que se entenda que a reapreciação só deve ocorrer para efeito de as nulidades serem supridas, sendo muito discutível que deste modo sejam prosseguidas as finalidades de economia processual visadas pelo legislador.

Na verdade, a experiência ensina que numa grande maioria de situações o arguente pretende ver sindicados verdadeiros erros de julgamento sob a capa da arguição de nulidades (o que desde logo obsta à sua apreciação sob esta veste) e que, nas situações em que a arguição se traduz numa verdadeira imputação de nulidades à decisão, muito raramente o tribunal que as cometeu vem a supri-las, vg. se a decisão recorrida é um acórdão da Relação. Significa isto que em ambas as situações, não logrando o recorrente o desiderato que se propunha perante o tribunal que emitiu o acto decisório alegadamente nulo, <u>não se evita o recurso</u> nem a apreciação das nulidades pelo tribunal superior, perdendo-se injustificadamente tempo na instância *a quo*, que direcciona o seu labor para o processo em que proferiu já uma decisão de mérito, discorrendo sobre a matéria das nulidades e distinguindo esta da dos erros de julgamento, referenciando que não pode sobre os mesmos pronunciar-se pois se

---

[11] Vide Lopes do Rego, in *Comentário ao Código de Processo Civil*, II, em anotação ao art. 747.º.

esgotou o seu poder jurisdicional, ou pura e simplesmente afirmando que a sua decisão não enferma das imputadas nulidades, ou seja, em qualquer destas situações, limitando-se a manter o que já decidira.

Nos casos em que o tribunal supre a alegada nulidade e eventualmente altera a decisão, muito provavelmente o recurso do arguente vem a perder utilidade e, em face do disposto no art. 744.º, n.º 3 do CPC, aplicável por remissão do art. 668.º, n.º 4, *in fine* do mesmo diploma, o processo vem a subir para se decidir a questão sobre que recaíram os dois despachos opostos, pelo que, também neste caso, não se evitará o recurso.

Em suma, em qualquer dos casos (de indeferimento ou de suprimento da nulidade pelo tribunal recorrido, mas mais patentemente no primeiro caso), a atribuição de mais este momento decisório à instância recorrida implica a sobrecarga desta (sem relevante efeito útil) e atrasa a decisão final de mérito do litígio, não prosseguindo, efectivamente, as finalidades de economia e celeridade processuais que assumem no foro laboral particular intensidade e que vimos, até, terem inspirado o legislador ao conferir ao tribunal que proferiu a decisão a faculdade expressa na parte final do n.º 3 do art. 77.º do CPT.

3. Da admissibilidade do recurso

3.1. Debrucemo-nos sobre a questão da admissibilidade do recurso.
O art. 79.º do CPT procede a uma delimitação material dos casos em que é sempre possível recurso para a Relação.

Assim, estabelece ser sempre admissível recurso para a Relação, independentemente do valor da causa e da sucumbência:

– nas acções em que esteja em causa a determinação da categoria profissional,
– nas acções em que esteja em causa o despedimento ou a reintegração do trabalhador,
– nas acções em que esteja em causa a validade ou subsistência do contrato de trabalho,
– nos processos emergentes de acidente de trabalho ou de doença profissional,
– nos processos do contencioso das instituições de previdência, abono de família e associações sindicais.

Nas acções de anulação e interpretação de cláusulas de convenções colectivas de trabalho, é sempre possível o recurso para o STJ uma vez que, de acordo com o n.º 2 do art. 185.º do CPT[12], se consideram sempre de valor equivalente à alçada da Relação mais 0,01 €.

No âmbito do CPT de 1981, o legislador garantia o recurso para a Relação nos casos em que estava em causa o despedimento, a reintegração ou a validade do contrato de trabalho, estabelecendo que as acções respectivas não teriam valor inferior à alçada do tribunal de 1.ª instância acrescido de 1$00 (n.º 3 do art. 47.º). Ou seja, através de formulação diferente e enveredando por um caminho diverso, alcançava, quanto a estas acções, o mesmo objectivo de garantir o recurso para a 2.ª instância[13].

Quanto aos processos emergentes de doença profissional e aos processos do contencioso das instituições de previdência, abono de família e associações sindicais, o n.º 5 do art. 74.º, possibilitava sempre o recurso até ao STJ o que, como vimos, agora não acontece[14].

3.2. Para além destes casos em que é materialmente delimitada a admissibilidade de recurso, independentemente do valor da causa e da sucumbência, há que ter presentes as regras dos arts. 678.º e 679.º do CPC, aplicáveis *"ex vi"* do art. 1.º, n.º 2 al. a) do CPT.

---

[12] Na redacção do DL n.º 323/01 de 17 de Dezembro.

[13] Não eram incluídas no elenco do CPT/81, ao invés do que ora sucede, as acções em que estava em causa a categoria profissional, mas já então se ía desenhando uma orientação, de que o Ac. do STJ de 2001.11.14 (relatado pelo Exmo. Sr. Cons. José António Mesquita, na Revista n.º 1959/01) constitui um eco importante, no sentido de preencher a lacuna da lei por recurso à analogia, aplicando o regime do art. 47, do CPT/81 no que se reporta ao valor da causa nas acções para reconhecimento de uma categoria profissional. Considerou o STJ que este tipo de acção comunga de idêntica natureza e reclama o mesmo tratamento das acções em que esteja em causa o despedimento do trabalhador, a sua reintegração e validade do contrato de trabalho, uma vez que o respectivo pedido não comporta quantificação exacta, antes representa valores e interesses que vão para além do salário, penetrando pela própria carreira do trabalhador, seu estatuto profissional e a sua colocação na hierarquia da organização da empresa.

[14] O Ac. do STJ de 2004.11.17 (Revista n.º 1741/04 da 4.ª Secção) decidiu não ser admissível recurso para o STJ de acórdão da Relação proferido em acção emergente de doença profissional com o valor de € 3.067,44 (art. 678.º n.º 1 do CPC) por ser o mesmo inferior à alçada do Tribunal da Relação (fixada em € 14.963,94 no art. 24.º, n.º 1 da LOFTJ com a redacção do art. 3.º do Anexo ao DL n.º 323/2001 de 17-12).

3.2.1. Ou seja, e desde logo, há que verificar se o despacho recorrido é de mero expediente ou foi proferido no uso legal de um poder discricionário, casos em que não é o mesmo recorrível (art. 679.º do CPC).

3.2.2. E há também que ter presente, por força da remissão constante do art. 79.º, n.º 1, primeira parte, do CPT:

1.º – o <u>valor da causa</u> – que deverá ser superior à alçada do tribunal *a quo* (atendendo-se a que o valor da causa é o fixado definitivamente na 1.ª instância, de acordo com as regras dos arts. 305.º e ss. do CPC[15] e atendendo-se também a que, para estes efeitos, não releva o valor da condenação[16]);

2.º – o <u>valor da sucumbência</u> – a decisão recorrida deverá ser desfavorável para o recorrente em valor superior a metade da alçada do tribunal *a quo*.[17]

---

[15] Uma referência deve aqui fazer-se, atenta a multiplicidade de casos em que tal ocorreu, que se tem considerado inadmissível o recurso interposto para o STJ em acções a que foi atribuído e definitivamente fixado o valor de € 14,963,94 (que resulta da conversão para euros do valor de Esc. 3.000.001$00), por ser precisamente este, e não outro inferior, o valor actual da alçada da Relação. Vide, entre outros, os Acs. do STJ de 2005.03.03 (Revista n.º 156/05), de 2005.05.11 (Revista n.º 928/05) e de 2005.05.11 (Revista n.º 477/05), todos da 4.ª Secção.

[16] Como se decidiu no Ac. do STJ de 2003.02.12 (Revista n.º 4540/02 da 4.ª Secção), se posteriormente à fixação definitiva do valor da causa a sentença condenar em quantia superior à fixada e também superior à alçada do tribunal recorrido, só se deve atender para efeitos de recurso aquele valor fixado definitivamente. Vide também os Acs. do STJ de 2005.01.13 (Revista n.º 3696/04 da 4.ª Secção) e de 1994.09.27 (in CJ, Acs do STJ, III, p. 274).

[17] O CPT de 1999 veio resolver a questão, controversa no âmbito do CPT de 1981, de saber se a regra da sucumbência era ou não aplicável no domínio do processo laboral, resolvendo-a em termos afirmativos ao afastar a sua aplicação nas acções que tipifica no art. 79.º (em que o recurso é sempre admissível para a Relação, como diz o preceito, "*independentemente do valor da causa e da sucumbência*"). Vide neste sentido os Acs. do STJ de 2003.03.12 (Revista n.º 3386/04 da 4.ª Secção) e de 2003.04.30 (Revista n.º 729/03 da 4.ª Secção). Foi objectivo confesso do legislador, expresso no preâmbulo do CPT, o de que as alterações propostas em matéria de recursos visam, além do mais, "*a consagração expressa de que também no foro laboral tem aplicação a regra da sucumbência*" estabelecida no CPC.

3.2.2.1. As excepções a estas exigências de valor consignadas no n.º 1 do art. 678.º do CPC estão consagradas nos n.ºs 2 a 6 do preceito e reconduzem-se aos casos em que o recurso:

* tem como fundamento a violação de regras de competência em razão da nacionalidade, da matéria e da hierarquia,
* tem como fundamento a ofensa de caso julgado[18],
* se reporta a decisões respeitantes ao valor (da causa, dos incidentes ou dos procedimentos cautelares), com o fundamento de que ele excede a alçada do tribunal de que se recorre.

Também é dispensada a observância das aludidas exigências de valor nos casos:

* de recurso interposto de acórdão da Relação que esteja em contradição com outro da mesma instância sobre a mesma questão fundamental de direito e do qual não caiba recurso ordinário por motivo estranho à alçada do tribunal, salvo se a orientação nele perfilhada estiver de acordo com jurisprudência anteriormente fixada pelo STJ (este recurso será processado nos termos dos arts. 732.º-A e 732.º-B);
* de recurso interposto de decisões proferidas contra jurisprudência uniformizada pelo STJ;
* de recurso subordinado (art. 682.º, n.º 5 do CPC), desde que o recurso independente seja admissível.

3.2.2.2. No contexto, ainda, das exigências de valor, é importante uma alusão aos casos de acções apensadas por se verificarem os fundamentos da coligação (arts. 31.º do CPT e 275.º do CPC) e aos de coligação de autores que intentaram uma mesma acção (art. 30.º do CPC). Também aqui, a principal razão que nos leva a abordar esta matéria tem a ver com a quantidade de recursos em que a mesma se tem suscitado.

---

[18] De acordo com o Ac. do STJ de 2005.06.15 (Revista n.º 3167/04), se os valores da causa e da sucumbência não forem suficientes para a admissibilidade do recurso, deve o recorrente, no requerimento de interposição de recurso, indicar que recorre com o fundamento de ofensa de caso julgado, sob pena de o recurso não ser admitido.

Nestas situações, os processos têm uma tramitação comum (por razões de economia processual, para evitar contradições de julgados, normalmente dentro de um mesmo ambiente laboral, e para possibilitar uma perspectiva do conjunto) mas não perdem a sua autonomia ou individualidade, vg. para efeitos de recurso.

De acordo com os ensinamentos do Prof. Antunes Varela, na coligação voluntária "*à pluralidade das partes corresponde a pluralidade das relações materiais litigadas*"[19].

Também o Prof. Alberto dos Reis sublinha que a coligação se traduz na "*cumulação de várias acções conexas*"[20] em que cada um dos autores pretende fazer valer uma "*pretensão distinta e diferenciada*".

Especificamente quanto ao valor da causa, o Cons. Salvador da Costa escreve que, na coligação de autores por pedidos diferentes e independentes, "*à causa global corresponde uma pluralidade de valores processuais*"[21].

Em conformidade com esta individualidade das várias acções conexas reconhecida pela doutrina, tem o Supremo Tribunal de Justiça uniformemente decidido que, havendo coligação activa ou apensação de processos nos termos do art. 275.º do CPC (por se verificarem os pressupostos da coligação), é em função do valor de cada uma das acções, e não da soma de todos eles, que se afere a admissibilidade de recurso em razão da alçada e, também, que é em função do valor das condenações proferidas em cada uma das acções que se afere o valor da sucumbência para os mesmos efeitos.

No fundo parte-se da ideia de que o julgamento conjunto das acções não afasta a individualidade dos litigantes e a individualidade de cada uma delas (apesar de apensadas ou inseridas no mesmo processo) e perspectiva-se cada uma das acções como se tivesse sido proposta em separado[22].

---

[19] In *Manual de Processo Civil*, Coimbra, 1984, em co-autoria com Sampaio Nora e M. Bezerra, pp. 152.

[20] In *Código de Processo Civil Anotado*, I, p.99.

[21] In *Os Incidentes da Instância*, 4.ª edição, 2006, p. 27.

[22] Vide, entre muitos outros, o Ac. do STJ de 2004.09.30 (Recurso n.º 1008/04, da 4.ª Secção) relativamente a um caso de apensação de acções, os Acs. do STJ de 2004.09.30 (Recurso n.º 1008/04), de 2005.02.02 (Recurso n.º 4563/04), de 2005.03.03 (Recurso n.º 156/05), de 2005.05.11 (Recurso n.º 362/05), de 2005.05.19 (Recurso n.º 4231/04) e de 2005.05.25 (Recurso n.º 779/05), todos da 4.ª Secção relativamente à coligação activa

Assim, perante a existência de várias causas que não perderam a sua independência quanto às questões adjectivas próprias, considera o valor processual que a cada uma delas cabe para efeitos de admissibilidade de recurso, só admitindo os recursos das decisões (ou da decisão final) se, e na medida, em que os mesmos fossem admissíveis se processados separadamente.

De notar que recentemente o Ac. do Tribunal Constitucional n.º 360/2005[23] decidiu não julgar inconstitucional a norma do art. 678.º do CPC quando interpretada no sentido de que no foro laboral em caso de coligação de autores, o valor da acção para efeitos de recurso é determinado autonomamente em relação a cada um dos pedidos.

Mais delicada nos parece a situação em que é instaurada uma acção por um sindicato em substituição de uma pluralidade de trabalhadores do lado activo. Também neste caso o STJ considerou haver uma cumulação de várias acções conexas, aferindo da admissibilidade do recurso atento o valor do pedido relativamente a cada um dos trabalhadores[24].

Tendo em consideração que a decisão que admite o recurso não vincula o tribunal *ad quem* (art. 687.º, n.º 4 do CPC) e que o despacho do relator não faz caso julgado formal (arts. 708.º, n.º 1 e 672.º, *in fine* do CPC), sendo modificável em conferência por iniciativa do relator ou dos seus adjuntos, ou a pedido das partes[25], tem o STJ reiteradamente concluído, muitas vezes já em conferência, pela inadmissibilidade de recursos interpostos em acções com esta configuração nos termos do art. 678.º, n.º 1, do CPC, por ser o valor do pedido formulado por cada um dos

---

voluntária, o Ac. do STJ de 2005.01.12 (Recurso n.º 3429/04, da 4.ª Secção) relativamente a um caso de coligação passiva e o Ac. do STJ de 2005.05.11 (Recurso n.º 362/05, da 4.ª Secção) relativamente a um pedido reconvencional deduzido contra vários autores.

[23] In DR II série, n.º 211 de 3 Nov. 2005.

[24] Ac. do STJ de 2005.06.22 (Revista n.º 479/05, da 4.ª Secção). O Sindicato autor invocava nesta acção que a intentava "em substituição e representação" de 76 trabalhadores, alegando que o empregador lhes pagou o subsídio de Natal nos anos de 1996 a 2000 sem nele integrar determinada remuneração de assistência prevista no instrumento de regulamentação colectiva, que constituía uma prestação regular e periódica, e o pedido formulado era o de condenação do empregador a pagar aos trabalhadores em causa as quantias referentes à integração dessa remuneração nos subsídios de Natal devidos nos apontados anos.

[25] Vide os Acs. do STJ de 2004.05.27 (Recurso n.º 785/04 da 4.ª Secção) e de 2004.11.02 (Recurso n.º 2607/04 da 4.ª Secção).

litigantes inferior à alçada do tribunal *a quo,* ou por ser o valor da sucumbência relativamente a cada um dos recorrentes inferior a metade da alçada também daquele tribunal.

4. Da tempestividade do recurso

4.1. Nesta matéria rege especialmente no processo laboral o art. 80.º do CPT.

Estabelece este preceito ser de 10 dias o prazo de interposição do recurso de agravo (n.º 1) e de 20 dias o prazo de interposição do recurso de apelação (n.º 2).

Para descortinar os casos em que deve agravar-se ou apelar-se, há que lançar mão dos preceitos do processo civil comum, dos quais decorre que a distinção entre os dois tipos de recurso se reconduz essencialmente, à distinção entre o *"error in procedendo"* e o *"error in judicando".*

Assim, cabe recurso de apelação da sentença final e despacho saneador que conheçam do mérito da causa (neste campo se incluindo os que conheçam de uma excepção peremptória) – art. 691.º do CPC.

E cabe recurso de agravo das decisões susceptíveis de recurso de que não possa apelar-se – art. 733.º do CPC.

Quanto ao recurso para o STJ, o CPT não contém preceito especial nesta matéria, limitando-se o n.º 5 do respectivo art. 81.º a mandar aplicar à interposição e alegação do recurso de revista e de agravo em segunda instância o regime estabelecido no CPC.

Assim, o prazo de interposição da revista é de 10 dias (art. 685.º do CPC) e o prazo para apresentar alegações é de 30 dias (art. 698.º, n.º 2 *ex vi* do art. 724.º, n.º1 do CPC).

Os prazos de interposição de recurso contam-se a partir da notificação da decisão (art. 685.º, n.º 1 do CPC) ao mandatário, representante ou patrono oficioso (art. 24.º, n.º 4 do CPT).

Se a decisão for oral, contam-se a partir do dia em que foi proferida a decisão se a parte esteve presente ou foi notificada para assistir ao acto (art. 685.º, n.º 2 do CPC).

Se o recurso tiver por objecto a reapreciação da prova gravada, os prazos referidos são acrescidos de 10 dias (art. 80.º, n.º 3 do CPT).

O prazo para apresentação das alegações do recorrido é *"igual ao da interposição de recurso"* e conta-se *"desde a notificação oficiosa do requerimento do recorrente*" (art. 81.°, n.° 2 do CPT). Pode ainda o recorrido que se conformara com a decisão, mas que, perante o recurso da outra parte, passou a pretender recorrer, interpor eventual recurso subordinado, o que deverá fazer neste mesmo prazo (arts. 81.°, n.° 4 do CPT e 682.° do CPC).

4.2. No âmbito das acções a que é ainda aplicável o CPT/81 (todas as instauradas até 31 de Dezembro de 1999) a jurisprudência do STJ, com algumas discrepâncias, considerou maioritariamente inadmissível a gravação da prova no âmbito do processo laboral e, também, a reapreciação da prova pelo tribunal superior.

Partia esta jurisprudência[26], em suma, dos seguintes pressupostos:

- no âmbito do CPT/81, não estava prevista na lei a gravação da audiência no processo laboral;
- a força do despacho que admitiu a gravação esgota-se na realização da gravação;
- o facto de se ter realizado tal gravação – o que constitui nulidade e a realização de um acto inútil proibido pelo art. 137 do CPC – não permite o alargamento do prazo de recurso previsto no art. 75, n.° 2 do CPT/81, nem o alargamento do prazo para alegar constante do art. 698, n.° 6 do CPC (já que este preceito não cuida do prazo de interposição de recurso, definido de forma expressa e sem omissões no CPT /81);
- o art. 24 do DL n.° 329-A/95 de 12 de Dezembro deve ser interpretado restritivamente no sentido de que "*o disposto no DL n.° 39/95 de 15 de Fevereiro, no que respeita ao registo das audiências*", apesar de aludir à aplicabilidade imediata "*aos processos de natureza civil pendentes em quaisquer tribunais*" apenas se aplica naqueles tribunais e naqueles processos onde a lei adjectiva aplicável preveja e possibilite a gravação das audiências.

Outra corrente jurisprudencial que posteriormente se foi firmando, não obstante continuar a considerar inadmissível a gravação da prova em

---

[26] Vide, entre outros, o Ac. do STJ de 2003.10.29 (Revista n.° 1890/03 da 4.ª Secção).

processo laboral regido pelo CPT/81, considerou que uma vez efectuada a gravação – e independentemente da questão de saber se a Relação pode ou não vir a entender que a esta era inadmissível (e, por isso, vir a não apreciar a pretendida alteração da matéria de facto) – o prazo para interposição de recurso de apelação, e alegação (visto que o requerimento de interposição deverá conter esta) é acrescido de 10 dias, nos termos do art. 698.º, n.º 6, do CPC[27].

De acordo com esta jurisprudência, esta interpretação é a que mais se harmoniza com o princípio geral da cooperação, previsto no art. 266.º do CPC, na vertente que aspira à justa composição do litígio e que recomenda ou impõe uma actuação por parte do Tribunal conforme aos princípios da boa fé.

O Tribunal Constitucional, no seu Ac. n.º 24/2005 (DR II série, de 9 de Junho de 2005), proferido no âmbito da fiscalização concreta da constitucionalidade, veio a julgar inconstitucional (com dois votos de vencido) a norma resultante da conjugação dos arts. 63.º, n.º 1 do CPT/81 e 24.º do DL n.º 329-A/95, na medida em que determina que a admissão da gravação da prova da audiência de julgamento em 1.ª instância não implica a extensão do prazo de recurso, à semelhança do que sucede em situações idênticas de reapreciação da prova gravada no CPC, por tal violar os princípios da segurança e do acesso ao direito e aos tribunais previstos nos arts. 2.º e 20.º, n.º 1 da CRP.

Sobre esta matéria foi também recentemente proferido o Ac do Tribunal Constitucional n.º 641/2005 (DR II série, de 31 de Janeiro de 2006), de acordo com o qual não viola a CRP a norma extraída da conjugação do art. 63.º, n.º 1 do CPT81 com a do art. 24.º do DL n.º 329-A/95 na interpretação de que é inadmissível a gravação da prova no domínio do CPT/81, por o regime do mesmo código rejeitar tal gravação (no âmbito da ampla liberdade de conformação do legislador nesta matéria)[28].

---

[27] Vide o Ac. do STJ de 2004.02.19 (Revista n.º 2950/03, da 4.ª Secção).

[28] A este acórdão foi aposto um extenso voto de vencido subscrito pela Exma Sra. Conselheira Maria dos Prazeres Beleza (primitiva relatora), considerando que no caso concreto, em que a decisão judicial de determinar a gravação não foi impugnada e implicou o afastamento da intervenção do tribunal colectivo para julgar a matéria de facto, a interpretação que veio a prevalecer das normas em causa lesou duplamente as legítimas expectativas do recorrente, e reputando de inconstitucional, por violação dos princípios da confiança inerente ao Estado de Direito e do direito a um processo equitativo (arts. 2.º

Este problema mostra-se ultrapassado nos processos a que se aplica o CPT actualmente em vigor, uma vez que o respectivo art. 68.º admite expressamente a gravação da audiência e o n.º 3 do art. 80.º faz acrescer de 10 dias o prazo de interposição de recurso, quando este tiver por objecto a reapreciação da prova gravada.

4.3. Uma particular referência merece também o prazo de interposição de recurso nas acções emergentes de acidente de trabalho, uma vez que o art. 26.º, n.º 2 do CPT estabelece que estas acções têm "*natureza urgente*" o que determina a não suspensão daquele prazo durante as férias judiciais e a sua contagem de forma contínua, em face do que estabelece o art. 144.º, n.º 1 do CPC (aplicável *ex vi* do art. 1.º, n.º 2. al. a) do CPT, uma vez que este é omisso quanto à contagem dos prazos processuais).

Assim o decidiu o Ac. do STJ de 2004.11.24[29], considerando que a redacção do art. 144.º, n.º 1 do CPC, ao excepcionar da regra da continuidade da contagem dos prazos os "*processos que a lei considere urgentes*", implica a não suspensão do prazo nas férias, quando estão em causa processos urgentes ou prazos iguais ou superiores a 6 meses, quer até ser proferida decisão, na 1.ª instância, quer na fase dos recursos. E considerando, também, que perante este preceito não é possível sustentar que a *natureza urgente* do processo decorra, não da classificação dada pela própria lei, mas da aplicação do critério do *dano irreparável*. (art. 143.º, n.º 2 do CPC), já que as regras contidas nos arts. 143.º n.º 2 e 3 e 144.º n.º 1 contemplam realidades diferentes: enquanto o primeiro artigo dispõe sobre o momento da prática dos actos processuais – das partes, dos magistrados e da secretaria –, o segundo refere-se ao modo de contagem dos prazos estabelecidos por lei ou fixados pelo juiz[30].

---

e 20.º, n.º 4 da CRP), a norma resultante da interpretação conjugada do art. 63.º, n.º 1 do CPT e do art 24.º do DL n.º 329-A/95, na medida em que impede a utilização da gravação da prova produzida em audiência, em 1.ª instância, oficiosamente determinada, simultaneamente excluindo a possibilidade de requerer a intervenção do tribunal colectivo para o julgamento da matéria de facto.

[29] Agravo n.º 2851/04, da 4.ª Secção.

[30] Segundo José Eusébio Almeida (no seu estudo *Duas questões práticas na aplicação do direito e processo dos acidentes de trabalho: urgência e intervenção de terceiros*, in Prontuário de Direito do Trabalho, 70.º, pp. 107 e ss.) os *prazos* correm durante todo o ano, mas já os *actos* não serão todos praticados nas férias judiciais, devendo os processos ser conclusos quando estivesse em causa a designação de junta médica

Parece-nos importante chamar a atenção para este ponto, uma vez que na prática (quer das partes, quer dos próprios Tribunais do Trabalho), nem sempre assim se tem entendido, procedendo-se à contagem dos prazos processuais nestas acções especiais considerando que os mesmos se suspendem nos períodos de férias judiciais.

5. Modo de interposição do recurso

O art. 81.º, n.º 1 do CPT (à semelhança do que sucedia com o art. 76.º do CPT/81[31]) determina que *"O requerimento de interposição de recurso deve conter a alegação do recorrente, além da identificação da decisão recorrida, especificando, se for caso disso, a parte dela a que o recurso se restringe"*.

Esta norma consagra outra das especialidades do direito processual laboral face ao direito processual civil comum (em que as alegações são apresentadas apenas após ser admitido o recurso – arts. 687.º, 690.º e 698.º do CPC) e foi igualmente ditada por objectivos de celeridade e economia processual.

Tem a jurisprudência entendido, contudo, que apesar da literalidade do art. 81, n.º 1 do CPT, se deve entender admissível a apresentação em separado do requerimento de interposição de recurso e das respectivas alegações, desde que estas sejam oferecidas, conforme a situação, até ao termo de um dos prazos fixados no art. 80.º, tendo em consideração que a manifestação precipitada da vontade de recorrer não pode precluir o direito processual da parte, dentro do prazo que a lei lhe assinala, de reiterar essa vontade, cumprindo o ónus de alegar[32].

(art. 137.º do CPT) e nos casos de pedido para fixação de pensão provisória (atenta a natureza cautelar da questão). De acordo com o autor, esta questão da urgência dos processos emergentes de acidente de trabalho parece ser *"resultado de ambiguidades legislativas e de alguma descoordenação entre os diversos regimes processuais que vão servir-se de um tronco comum – no caso, o processo civil – sem curar das suas particularidades"*.

[31] Cujo conformidade constitucional foi afirmada pelos Acs. do Tribunal Constitucional n.ᵒˢ 51/88, 266/93 e 313/2000 (in www.tribunalconstitucional.pt). A propósito do art. 285.º do CPTT, que consagra idêntico regime, pronunciou-se nos mesmos termos o Tribunal Constitucional no Ac. n.º 16/2005 (DR II série, n.º 64, de 2005.04.01).

[32] Vide os Acs. do STJ 1997.06.06 (AD 433.º, p. 115), de 2002.10.09 (Recurso n.º 3448/02) e de 2003.10.01 (Recurso n.º 1689/03), ambos da 4.ª Secção.

Uma vez que o prazo para apresentar alegações é de natureza peremptória, a não apresentação das mesmas no prazo assinalado na lei faz extinguir o direito e determina a deserção do recurso (arts. 291.º e 690.º, n.º 3 do CPC).

Deve notar-se que, apesar da tendencial unidade formal do acto, ele deve conter todos os componentes, a saber:

– requerimento de interposição do recurso, dirigido ao tribunal "*a quo*" (art. 687.º, n.º 1 do CPC)
– alegações, dirigidas ao tribunal "*ad quem*"[33], que deverão ser rematadas por conclusões (indicação sintética dos fundamentos por que pede a alteração ou anulação da decisão), sendo estas que delimitam o âmbito do recurso (art. 684.º, n.º 3 e 690.º, n.º 1 do CPC);
– identificação da decisão recorrida, com especificação da parte da decisão de que se pretende recorrer, sendo caso disso[34];
– cumprimento do disposto no art. 690.ºA do CPC, caso na apelação se impugne a decisão de facto, sob pena de rejeição do recurso.

Poderá questionar-se se o objectivo de economia processual é efectivamente cumprido com esta especialidade da inclusão das alegações – com todos os seus componentes – no requerimento de interposição de recurso, na medida em que se desperdiça o labor alegatório (às vezes de elevada complexidade, vg. se é impugnada a matéria de facto) caso o recurso não venha a ser admitido, o que não deve menosprezar-se[35].

Contudo, em caso de admissão do recurso, são evidentes os ganhos em termos de tempo, ganhos estes que a reforma que se avizinha do processo civil a este nível terá ponderado pois que preconiza, também

---

[33] De acordo com o Ac. do STJ de 1997.06.04 (in AD 433.º, p. 115), se as alegações não se mostram dirigidas ao tribunal superior, este não conhece do objecto do recurso.

[34] Sobre a delimitação subjectiva e objectiva do âmbito do recurso, vide o art. 684.º do CPC.

[35] Também Carlos Alegre, in *Código de Processo do Trabalho Anotado*, 3.ª edição, Coimbra, 1996, p. 219, refere que os ganhos em termos de celeridade com esta unidade formal (requerimento de interposição formal e respectivas alegações) são praticamente irrelevantes.

aqui, a adopção desta especialidade do modelo do regime dos recursos em processo laboral[36].

6. Legitimidade do recorrente

Nesta matéria rege a lei processual civil, como lei subsidiária, conferindo legitimidade para recorrer a quem *"sendo parte principal na causa, tenha ficado vencido"* (n.º 1 do art. 680.º do CPC) e às *"pessoas directa e efectivamente prejudicadas pela decisão (..), ainda que não sejam partes na causa ou sejam apenas partes acessórias."* (n.º 2 do art. 680.º do CPC).

De acordo com a jurisprudência do Tribunal Constitucional[37], a palavra *"vencido"* do n.º 1 do art. 680 do CPC equivale a *"prejudicado"*, ou seja, reporta-se à *"pessoa ou entidade em relação à qual a decisão recorrida tenha sido desfavorável"*.

Suscita-se por vezes alguma dificuldade na densificação destes conceitos no âmbito da acção emergente de acidente de trabalho.

Na verdade, a lei substantiva consagrou um sistema de responsabilidade objectiva da entidade patronal pelos acidentes de trabalho sofridos por trabalhadores ao seu serviço e de transferência obrigatória desta responsabilidade para companhias de seguro (Base XLIII da Lei n.º 2127 de 3 de Agosto de 1965, cuja doutrina se manteve no art. 37.º da Lei n.º 100/97 de 13 de Setembro e no art. 303.º do CT), sem no entanto libertar a entidade patronal da sua responsabilidade quando o contrato de seguro não existe ou, por qualquer motivo, é inválido ou ineficaz, ou quando o acidente se deveu a culpa sua (Bases II, XLIII e L da Lei n.º 2127, art. 37.º da Lei n.º 100/97 e art. 303.º do CT).

Por esta circunstância, e ainda porque o desenvolvimento da relação laboral ou das relações de dependência económica que justificam a

---

[36] No anteprojecto de revisão do sistema de recursos em processo civil que se encontra disponível na Internet (em *www.gplp.mj.pt*), uma das propostas apresentadas é a da unificação do momento processual para interposição de recurso/apresentação de alegações e para o despacho de admissão/despacho de subida, evitando-se a duplicação da intervenção do juiz, com vista à redução substancial do tempo que actualmente decorre entre o momento da interposição do recurso e a sua entrada no tribunal superior.

[37] Acórdão n.º 188/98 de 98.01.19 (in *www.tribunalconstitucional.pt*).

previsão reparadora da lei substantiva, muitas vezes suscitam problemas relacionados com a determinação da entidade responsável pela reparação do acidente, a própria lei adjectiva prevê a intervenção, na acção emergente de acidente de trabalho, de todas as entidades eventualmente responsáveis, possibilitando a estas o contraditório entre si, além do natural contraditório com a pretensão do autor – cfr. os arts. 127.º e 129.º do CPT de 1999.

Daqui resulta que, neste tipo de acções, o litígio muitas vezes não se circunscreve a uma relação de oposição entre os pólos activo e passivo que naturalmente se opõem numa relação processual clássica – autor(es), de um lado, e réu(s), do outro.

Entre os próprios réus o litígio é também evidente (frequentemente sucedendo que o direito do autor cedo se torna inquestionável, persistindo o processo judicial apenas para determinar quem é o sujeito passivo da obrigação correspondente a tal direito), discutindo-se questões relacionadas designadamente com a validade, vigência e subsistência de contratos que firmaram entre si, ou com a culpa na eclosão do acidente, o que determina que a decisão judicial a proferir, além de definir a existência e "*quantum*" da obrigação reparadora, tenha necessariamente que determinar o(s) seu(s) sujeito(s) passivo(s), às vezes simultaneamente responsáveis, embora com uma responsabilidade de natureza e dimensão diversas.

Assim, deve designadamente considerar-se *"vencido"* nos termos e para os efeitos do art. 680.º do CPC, aplicável "ex vi" do art. 1.º, n.º 2, al. a) do CPT, cabendo-lhe legitimidade para interpôr recurso da decisão:

- o empregador que recorre, não para que a outra parte – o sinistrado – veja improceder a sua pretensão, mas para ver condenada a seguradora, sustentando p. ex. que o sinistro estava coberto por seguro válido e eficaz, ao invés do que entendeu a instância recorrida que o condenou[38];
- o sinistrado ao recorrer da sentença que condenou o empregador no pedido e absolveu do mesmo a seguradora, devendo considerar-se vencido quanto a esta última, já que, ao pedir a condenação das rés, ou daquela que a final for julgada responsável, não

---

[38] Vide o Ac. do STJ de 2003.12.03 (Revista n.º 1070/03 da 4.ª Secção).

renunciou à discussão do mérito da decisão de condenação de uma qualquer das rés, em termos de, uma vez proferida, lhe ser indiferente o bem ou mal fundado da opção efectuada[39].

Deve ainda referir-se que, nestes casos em que no processo judicial se suscitou a questão da determinação do sujeito passivo da obrigação reparadora, entendeu o STJ que, em face das normas processuais especiais constantes dos n.os 2 e 4 do art. 127.º do CPT, uma vez interposto pela seguradora recurso da decisão da 1ª instância que a condenou, bem como ao empregador, no pagamento das pensões por acidente de trabalho, aquele recurso aproveita ao empregador que não recorreu, não violando o caso julgado a decisão do Tribunal da Relação que julga o acidente descaracterizado e absolve do pedido a seguradora e o empregador, por não ter havido trânsito em julgado da decisão da 1ª instância[40].

7. Os efeitos do recurso

Uma sucinta alusão se fará ainda aos efeitos do recurso, já que nesta matéria, o art. 83.º, n.º 1 do CPT consagra uma especialidade relevante em face da regra do efeito suspensivo constante do art. 692.º, n.º 1 do CPC, ao estabelecer que: "*A apelação tem efeito devolutivo, sem necessidade de declaração (...)*".

Tendo em consideração a natureza alimentícia dos créditos laborais e a natural urgência do credor em os satisfazer, o recurso limita-se em princípio a devolver ao tribunal superior a apreciação da causa, podendo o credor instaurar execução provisória antes de a decisão se tornar definitiva pelo trânsito em julgado, com base em traslado que se extrairá (arts. 47.º, n.º 1 e 693.º, n.º 2 do CPC).

Só assim não será se o apelante, "*no requerimento de interposição do recurso, requerer a prestação de caução da importância em que foi condenado por meio de depósito efectivo na Caixa Geral de Depósitos, ou por meio de fiança bancária*" (segunda parte do n.º 1 do art. 83.º do CPT).

---

[39] Vide Ac. do STJ de 2003.01.03 (Revista n.º 3611/02 da 4.ª Secção).
[40] Vide Ac. do STJ de 2004.09.30 (Revista n.º 784/04 da 4.ª Secção).

A indicação dos meios de caução a prestar para ser atribuído efeito suspensivo ao recurso de apelação é taxativa, o que impede a utilização de outros meios para estes efeitos, como é o caso de seguro-caução[41].

E, uma vez prestada a caução, esta cumpre a dupla finalidade de:

- exceptuar a regra do efeito devolutivo (com o reconhecimento judicial da idoneidade da garantia), obstando, com o efeito suspensivo, a que a decisão constitua título executivo antes de transitada em julgado;
- garantir o cumprimento da obrigação caso a mesma venha a ser confirmada em recurso (com a sua manutenção até ao trânsito em julgado da decisão, o credor vê assegurado um crédito que deixou de poder executar imediatamente)[42].

Quanto ao recurso de revista, a regra é a do efeito devolutivo (art. 723.º do CPC).

8. A reapreciação da decisão de facto

Esta sucinta enunciação de alguns problemas que se suscitam à volta do procedimento dos recursos em processo laboral está, como disse, francamente distante de uma exposição completa sobre o regime dos recursos, não tendo deliberadamente efectuado qualquer incursão nos procedimentos legais a seguir nas fases de tramitação do recurso que subsequentemente se desenrolam nos tribunais superiores (quer o recurso seja rejeitado, quer seja admitido).

Parece-me contudo pertinente dar um breve salto, para terminar, até aos poderes da Relação e do STJ em matéria de facto.

Parecerá à primeira vista que tal pouco ou nada diz respeito a quem labora essencialmente na 1.ª instância e não tem, ao menos para já, que se mover dentro dos espartilhos que nestas áreas estão estabelecidos nos tribunais superiores.

Mas não é, efectivamente, assim.

---

[41] Vide Ac. do STJ de 2003.10.01 (Revista n.º 4182/02 da 4.ª Secção).
[42] Vide Ac. do STJ de 2002.05.29 (Revista n.º 4430/01 da 4.ª Secção).

Creio mesmo que, apesar de a evolução legislativa dos últimos anos denotar uma crescente atribuição de poderes em matéria de facto aos tribunais superiores, é possível afirmar que estes continuam a ter uma margem de manobra muito limitada.

Na verdade, e por um lado, o <u>exercício dos poderes conferidos pelo art. 712.º do CPC ao Tribunal da Relação</u> só pode exercitar-se nas condições previstas naquele preceito e, como tem entendido a jurisprudência, só em circunstâncias em que se denote um erro manifesto ou evidente da 1.ª instância no julgamento da matéria de facto, pois que à Relação continua a faltar a indispensável imediação, a continuidade e a visão global do conjunto das provas.

Para além de a actuação da Relação ficar em grande parte dependente da iniciativa das partes no que concerne à indicação dos pontos de facto impugnados e dos meios de prova que, em seu entender, devem servir para modificar o julgamento da 1.ª instância, a diversidade das circunstâncias que se verificam num e noutro grau de jurisdição "*implica que os esforços sejam naturalmente dirigidos à correcção de clamorosos erros de julgamento, ou seja, à modificação das respostas cujo resultado contraria, de forma evidente, os meios de prova produzidos e acessíveis ao Tribunal da Relação*"[43].

Como se refere no preâmbulo do DL n.º 39/95 de 15 de Fevereiro – que consagrou a possibilidade de documentação da prova produzida nas audiências finais na área do processo civil e de um efectivo duplo grau de jurisdição na apreciação da matéria de facto –, o legislador precisou que o 2.º grau de jurisdição na apreciação da matéria de facto visa apenas "*a detecção e correcção de pontuais, concretos e seguramente excepcionais erros de julgamento, incidindo sobre pontos determinados da matéria de facto que o recorrente sempre terá o ónus de apontar claramente e fundamentar*".

Por outro lado, o <u>STJ tem no âmbito da matéria de facto limitadíssimos poderes</u> já que:

– não cabe recurso para o STJ da decisão do Tribunal da Relação proferida nos termos dos n.ºs 1 a 5 art. 712.º do CPC (de acordo

---

[43] Como se referiu no Ac. da Relação de Lisboa de 2005.04.12, proferido na Apelação n.º 900904, da 7.ª Secção.

com o que prescreve o n.º 6 do preceito, introduzido pelo DL n.º 375-A/99 de 20 de Setembro)[44];
– os poderes que resultam das disposições conjugadas dos arts. 722.º e 729.º do CPC reconduzem-se apenas aos casos de:
  • violação de regras de direito probatório material;
  • ser necessário ordenar a baixa do processo ao tribunal recorrido e esta, apenas:
    – por haver contradições na matéria de facto que inviabilizam a decisão jurídica do pleito,
    ou
    – por dever ampliar-se a decisão de facto para constituir base suficiente para a decisão de direito (sendo aqui uniforme a jurisprudência no sentido de que só pode ordenar-se a ampliação da matéria de facto se tiverem sido alegados no processo os pertinentes factos).

Continua pois a caber à 1.ª instância uma enorme responsabilidade no que diz respeito à fixação da matéria de facto, sendo seguramente mais importante que os advogados que litigam na barra dos Tribunais do Trabalho, o Ministério Público e essencialmente o juiz, sejam rigorosos e exigentes consigo próprios nessa área – em que tantas vezes a sua actuação constitui um imprescindível passo para alcançar ou comprometer, definitivamente, a justiça do caso concreto –, do que na área da aplicação do direito aos factos (sindicável na generalidade das vezes sem limites pelo tribunal superior).

Poderá mesmo dizer-se que, o julgamento da matéria de facto constitui o principal objectivo do processo declarativo civil e dele depende, em elevado grau, o resultado final da acção.

Senão, vejamos alguns exemplos para melhor ilustração, extraídos de casos concretos que foram submetidos à apreciação do STJ.

No acórdão de 2005.03.10 (Recurso n.º 4451/04, da 4.ª Secção), relativo a um acidente de trabalho mortal, considerou-se que os ascendentes do sinistrado só têm direito à pensão anual prevista no art. 20.º da Lei n.º 100/97, se alegarem e provarem que aquele *contribuía com regula-*

---

[44] Referenciando o âmbito desta irrecorribilidade, vide o Ac. do STJ de 2005.09.28 (Revista n.º 25005, da 4.ª Secção).

ridade para o seu (deles) sustento e se provarem, ainda, que *necessitavam* daquela contribuição. Apesar de a referida *necessidade* não constar expressamente do texto legal, entendeu o aresto, tal como era entendimento uniforme já na vigência da Lei n.º 2127 e mesmo na vigência da Lei n.º 1942, que o *requisito da necessidade* está implícito no *requisito da contribuição regular*, dada a natureza alimentícia da pensão.

Elaborando o seu raciocínio no pressuposto de que, por se tratar de factos constitutivos do accionado direito à pensão, cabe aos familiares da vítima que a reclamam a alegação e prova da factualidade integradora desses requisitos (art. 342.º, n.º 1 do CC), veio a julgar improcedente a pretensão dos ascendentes do sinistrado por não terem estes alegado, nem provado, os factos necessários ao reconhecimento judicial de que necessitavam da contribuição regular do sinistrado para o seu sustento.

Com contornos similares a este aresto, foram proferidos, entre outros, os Acs. do STJ de 2005.11.02 (Recurso n.º 2259/05), de 2004. 07.13 (Recurso n.º 3875/03) e de 2004.05.13 (Recurso n.º 78304), todos da 4.ª Secção, referindo-se concretamente neste último que, não sendo a insuficiência de alegação factual da parte suprida pelo juiz de 1ª instância com os poderes que lhe são conferidos pelos arts. 29.º e 66.º, n.º 1 do CPT/81, não é possível a ampliação da matéria de facto nos termos do art. 729.º, n.º 2 do CPC.

De notar que num dos processos em que foram interpostos os recursos que vieram a terminar nestes termos no STJ, constava uma informação de um elemento da Junta de Freguesia (junta aos autos ainda na fase conciliatória) em que se relatava um condicionalismo de vida dos pais do sinistrado de que se podia inferir a sua necessidade de alimentos, sendo certo que os factos que dali se podiam extrair não foram alegados na petição inicial, não foi posteriormente ordenado o aperfeiçoamento desta, nem foram na fase do julgamento formulados quesitos adicionais que os contemplassem.

Também num processo emergente de acidente de trabalho "*in itinere*", em que foi interposto o Recurso n.º 3582/04, o STJ veio, por acórdão de 2005.05.25, a concluir que não pode qualificar-se como acidente de trabalho o sinistro ocorrido no trajecto entre o local de trabalho e a "*residência ocasional*" do sinistrado, se os seus beneficiários legais não alegaram nem provaram os restantes requisitos enunciados no art. 6.º, n.º 2, al. a) do RLAT, ou seja, que o acidente ocorreu durante o trajecto normal utilizado pelo trabalhador e que se verificou durante o período ininterrupto habitualmente gasto por aquele.

Neste caso, como o acidente ocorreu quando o sinistrado regressava do seu trabalho e se dirigia para uma garagem onde pernoitava quase diariamente, mas não para a sua *"residência habitual"*, a actividade das partes e das instâncias situou-se, quase exclusivamente, em redor da questão de saber se a dita garagem podia ou não qualificar-se como *"residência ocasional"* para os efeitos da al. a) do n.º 2 do art. 6.º do RLAT aprovado pelo DL n.º 143/99 de 30 de Abril.

O STJ veio a considerar que integra efectivamente o conceito de *"residência ocasional"* para efeitos de caracterização de um acidente de acordo com a previsão do art. 6.º, n.º 2, al. a) do RLAT, a garagem onde o sinistrado pernoitava quase diariamente, embora aí não habitasse. Mas veio a concluir que não pode qualificar-se como acidente de trabalho o sinistro ocorrido no trajecto entre o local de trabalho e a *"residência ocasional"* do sinistrado, se os seus beneficiários legais não alegaram nem provaram os restantes requisitos enunciados no art. 6.º, n.º 2 do RLAT, ou seja, que o acidente ocorreu durante o *"trajecto normalmente utilizado"* pelo trabalhador e, ainda, que a sua verificação se deu *"durante o período ininterrupto habitualmente gasto"* por aquele, considerando que recai sobre o sinistrado, ou seus beneficiários, o ónus da prova do acidente e de todos os requisitos que o integram, como elementos constitutivos do seu direito (art. 342.º, n.º 1 do CC).

Julgou assim improcedente a pretensão dos beneficiários legais do sinistrado.

Ainda no âmbito dos acidentes de trabalho uma chamada de atenção para os casos em que na acção se pretende fazer valer o direito do beneficiário que vivia em união de facto com o sinistrado.

O STJ, por acórdão de 2005.11.02 (Recurso n.º 363/05 – 4.ª Secção), considerou que para efeitos da atribuição à pessoa que vivia em união de facto das prestações devidas por morte do companheiro ocorrida em acidente laboral, o art. 49.º, n.º 2 do RLAT (DL n.º 143/99 de 30 de Abril) estabelece uma equiparação do vindicante à situação daquele que tem direito a exigir alimentos da herança do companheiro finado – ao dispor que *"são consideradas uniões de facto as que preencham os requisitos do art. 2020.º do Código Civil"* – e que, à semelhança do que sucede com a disciplina que regulamenta os benefícios do regime geral da Segurança Social (DL n.º 322/90 de 18.10, DReg. n.º 1/94 de 18.01 e, posteriormente, Leis n.º 135/99 de 28.08 e n.º 7/2001 de 11.05), a atribuição da pensão por morte à pessoa que vivia em união de facto depende, da verificação cumulativa de todos os requisitos enunciados no art. 2020.º do CC – ou seja: vivência ininterrupta de duas pessoas (de sexo igual ou diferente), em condições análogas às dos cônjuges, durante pelo menos os dois anos que precederam a morte do companheiro finado; que esse companheiro seja, à data da sua morte, não casado ou separado judicialmente de pessoas e bens; que o requerente careça de alimentos e que os não possa obter dos parentes indicados nas als. a) a d) do art. 2009.º do CC, nem da herança do companheiro.

Assim, e partindo do pressuposto de que a alegação e prova dos factos que consubstanciam tais requisitos compete à pessoa que vivia em união de facto, por se tratar de factos constitutivos do seu direito, veio a concluir que, não aduzindo o companheiro sobrevivo, a verificação e concorrência de todos aqueles requisitos, apesar de ter provado que vivia há mais de dois anos em comunhão de leito, mesa e habitação com a sinistrada, não pode ser-lhe reconhecido o direito à pensão consagrado no art. 20.º, n.º 1, al. a) da LAT (Lei n.º 100/97 de 13 de Setembro) para a pessoa em união de facto.

Já em sede de acção emergente de contrato individual de trabalho, e especificamente numa acção em que, além do mais, se pretendiam fazer valer perante o adquirente de um estabelecimento créditos vencidos quando este se encontrava ainda na titularidade do transmitente, considerou o STJ, por acórdão de 2005.03.10 (Recurso n.º 3788/04, da 4.ª Secção) que é vedado ao Tribunal da Relação, em recurso da sentença final, determinar a anulação do julgamento a fim de o tribunal de 1.ª instância dar cumprimento ao disposto no art. 66.º, n.º 1 do CPT/81, mesmo que a prova tenha sido gravada (o que permitia o controlo deste poder-dever do juiz pelo tribunal superior), em face do disposto no n.º 4 do art. 66.º (actual art. 72.º, n.º 4), que restringe à matéria articulada a possibilidade de se formularem quesitos novos uma vez findos os debates e considerou, também, que o poder do STJ de ordenar a ampliação da matéria de facto nos termos do art. 729.º, n.º 3 do CPC só pode ser exercido relativamente à factualidade alegada pelas partes.

Assim, não tendo a ré adquirente do estabelecimento alegado nos articulados da acção que "*afixou (...) o aviso para a reclamação de créditos previsto no art. 37.º da LCT*" – a fim de limitar a sua responsabilidade pelos créditos vencidos aos dos últimos 6 meses anteriores à transmissão, fazendo depender os demais de reclamação dos interessados até ao momento da transmissão –, nem tendo o juiz de 1.ª instância formulado quesitos novos com esta matéria por resultar o facto respectivo dos depoimentos prestados até findarem os debates, considerou que nunca poderia o STJ atender a este facto.

Ao nível da 1.ª instância, há múltiplos mecanismos cujo correcto uso por todos os intervenientes processuais é susceptível de possibilitar ao tribunal a consideração e ponderação de todos os factos (essenciais e instrumentais) relevantes para a boa decisão da causa:

- quer através de uma cuidadosa elaboração pelas partes dos articulados da acção – art. 467.º do CPC;
- quer através do despacho de aperfeiçoamento dos articulados, cuja prolação constitui um dever do juiz, a exercer até à audiência de julgamento, caso reconheça que deixaram de ser articulados factos que podem interessar à decisão da causa – art. 27.º, al. b) do CPT;
- quer posteriormente, na audiência de discussão e julgamento, ampliando a base instrutória ou, não a havendo, tomando em consideração factos relevantes para a decisão da causa – art. 72.º do CPT:
  • tanto no decurso da prova – relativamente a factos não articulados sobre os quais tenha incidido discussão (n.º 1),
  • como após os debates – relativamente a factos articulados resultantes da discussão (n.º 4).

Com todas estas válvulas de aquisição factual (em contraposição com as limitações impostas aos tribunais superiores), é imperioso concluir que está efectivamente nas mãos das partes e do tribunal **na 1.ª instância** não comprometer definitivamente a justa composição do litígio, a realização da justiça material que constitui o fundamento e razão de ser de qualquer processo judicial, processo este que, *maxime* no contexto específico da conflitualidade laboral, é tantas vezes a única forma de a alcançar.

Muito obrigado.

ÍNDICE

PROGRAMA 5

OS PRESSUPOSTOS PROCESSUAIS NO PROCESSO DO TRABALHO: ANÁLISE E DISCUSSÃO DE ASPECTOS PRÁTICOS 9
    Domingos José de Morais

O MINISTÉRIO PÚBLICO E O PATROCÍNIO DOS TRABALHADORES NO PROCESSO DECLARATIVO LABORAL 23
    João Monteiro

PROCEDIMENTOS CAUTELARES LABORAIS 37
    Maria Adelaide Domingos

A FASE CONCILIATÓRIA DO PROCESSO ESPECIAL EMERGENTE DE 16.03.2006 AUDITÓRIO DA FAC. DIREITO UNIV. LISBOA 59
    Vítor Melo

O PROCESSO COMUM PARA A DECLARAÇÃO DE ILICITUDE DO DESPEDIMENTO 69
    Fausto Leite

PROCESSO DE IMPUGNAÇÃO DE DESPEDIMENTO COLECTIVO ... 77
    Luís Miguel Monteiro

PROCESSO DE CONTENCIOSO DAS INSTITUIÇÕES DE PREVIDÊNCIA, ABONO DE FAMÍLIA E ASSOCIAÇÕES SINDICAIS 95
    José Eusébio Almeida

RECURSOS EM PROCESSO LABORAL 111
    Maria José Costa Pinto

ÍNDICE 141